»Bankerin ohne Bank«

Für alle Ruhigen, Schüchternen, Unscheinbaren
und
Unterschätzten

Beate Grützner

»Bankerin ohne Bank«

Abschied von einem Lebenstraum

Bibliografische Information der Deutschen Nationalbibliothek
Die Deutsche Nationalbibliothek verzeichnet diese Publikation in der Deutschen Nationalbibliografie; detaillierte bibliografische Daten sind im Internet über http://dnb.d-nb.de abrufbar.

© 2011 Beate Grützner
Satz, Umschlaggestaltung, Herstellung und Verlag:
Books on Demand GmbH, Norderstedt
Titelfoto: madochab/photocase.com
ISBN 978-3-8423-0251-8

Inhalt

» Für alles im Leben muss man bezahlen.
Und je später man es tut, desto höher werden die Zinsen.«

John Steinbeck

1. Im Leben wiederholt sich manches …

Rentner kidnappen Anlageberater (1)

Und auch diesmal hatte sie keiner erwartet, sie kam so überraschend wie jedes Mal zuvor. Niemand hatte sie kommen sehen, aber im Nachhinein hatten alle etwas geahnt …

Nun verfolgten sie alle ungläubig, mit bissigen Kommentaren oder Häme. Die einen voller Angst, was noch kommen würde, die anderen mit süffisantem Lächeln, in der Gewissheit, zu ihren Profiteuren zu gehören.

In der Finanzkrise dieses Jahres stürzten die Anleihekurse dramatisch ab und auch die Rohstoffpreise, die die Spekulanten in schwindelerregende Höhen getrieben hatten. Die Zinsen waren in kurzer Zeit steil angestiegen. Die Staatsverschuldung in den USA reichte fast an japanische Verhältnisse heran. Die europäischen Staaten standen dem kaum nach. Und die Kleinanleger hatten zu viele Unternehmensanleihen gekauft, weil Firmen reihenweise Bankrott gingen. Selbst einzelne Staaten – Ungarn, Irland, Malta, Estland – konnten ihren Zahlungsverpflichtungen nicht mehr nachkommen. Die Finanzkrise 2008 bis 2010 hatte dazu geführt, dass noch weniger Banken am Markt vertreten waren, die noch größere Bilanzsummen und noch höhere Risiken vereinten, als vor dieser großen weltumspannenden Krise. Diesmal ließ man auch erstmals in Europa eine große systemrelevante Bank Pleite gehen. Das Währungsgebiet des Euro wurde danach in zwei Zonen aufgeteilt: Im Norden galt der »alte« Euro, in der südlichen Zone wurde ein »neuer«, abgewerteter Euro eingeführt. Nach ersten massenhaften Geldabhebungen beruhigten sich die Sparer jedoch sehr rasch. Und die größten und flexibelsten Unternehmen begannen, sich relativ schnell wirtschaftlich zu erholen. In den Finanzzentren gingen, geflutet mit billigem Geld, die Spekulationen bereits kurz nach dem

Verdauen der ersten Schockwellen der Bankenpleite wieder los … So oder so ähnlich könnte eines der nächsten Krisenszenarien aussehen.

»Das Börsengeschehen jener Zeit trug unverkennbar rauschhafte Züge. Rund um den Erdball wurden Lizenzen und Rechte angehäuft, auf reichlich Aktienpapier verteilt, wieder zusammengelegt und zügig neu kombiniert – die Finanzmärkte gaben sich dem Übernahmepoker und dem Emissionswahn hin …« **(2)**

Erraten Sie, aus welchem Jahr dieses Zitat einer Zeitung stammt? Es bezieht sich auf die große Finanzkrise 1719/20! Seitdem wiederholen sich Krisen in regelmäßigen Abständen. Und die Menschen haben nichts daraus gelernt!?

Ich weiß nicht, wie es Ihnen ergangen ist, haben Sie die letzte Finanzkrise kommen sehen, haben Sie die Auswirkungen gespürt? Oder ist das alles mehr oder weniger an Ihnen vorbei gegangen? Diese lange, tiefe Banken-, Staatsschulden- und Währungskrise, gefährlicher als in den Dreißigerjahren. Was mich betrifft, ich bin ja vom Fach und an vieles gewöhnt. Diese Krise hat mir trotzdem mehr Angst gemacht als alle anderen vorher. Ich beobachtete aber auch eine Tendenz zur Gleichgültigkeit. Je jünger die Leute waren, desto mehr waren sie vom Gedanken an Wichtigeres, an Spaß und Fun abgelenkt. Als gelernte DDR – Bürgerin kann ich die einseitige Ausrichtung der Gesellschaft auf Eigentum und Geld nicht verstehen. In meinen Augen ist diese Gesellschaftsform einfach nur ungerecht. Die reichsten 10 Prozent der Bevölkerung besitzen 65 Prozent des Vermögens und 27 Prozent besitzen überhaupt kein Vermögen. Da möchte ich noch gar nicht darüber nachdenken, wie diese Leute zu ihrem Vermögen gekommen sind und warum die anderen gar keins besitzen. Und diese Kluft vergrößert sich von Jahr zu Jahr. Das muss auch so sein, denn Geld hat die Eigenschaft, sich nur dann zu vermehren, wenn es schon da ist. Aus dem Nichts können nur Notenbanken Geld schaffen.

Deshalb möchte ich Ihnen, die Sie Klein- oder Normalanleger sind, ein paar Anregungen geben, wie Sie sich vor der nächsten Finanzkrise besser schützen können. Damit Sie nicht zu solch äußerst ungewöhnlichen und kriminellen Maßnahmen greifen müssen, wie 2009 fünf vermögende Rentner aus Oberbayern, die aus lauter Verzweiflung über 2,4 Millionen Euro Vermögensverlust ihren Anlageberater entführt, gefesselt und eingesperrt haben. Dafür sind sie später zu mehrjährigen Haftstrafen verurteilt worden.

Außergewöhnlich ist der Vorfall auch deshalb, weil der Älteste der »Rentnergang« fast 80 Jahre alt ist. Nun, so ungewöhnlich ist das wiederum nicht, das Geld besitzen vorwiegend ältere Leute und rüstig sind die meisten Rentner heute ebenfalls. Was hatten sich die Rentner von der Entführung eigentlich erhofft? Eine Lösegeldzahlung der Familie des Opfers? – Dazu hätten Sie zumindest erst einmal die Bonität der Familienangehörigen des Anlageberaters überprüfen müssen. Oder dachten Sie, der Berater hätte das Geld für sich behalten und einfach im Garten vergraben und sie brauchten ihm nur das Versteck zu entlocken? Wenn ihr Geld Anlagebetrügern in die Hände gefallen wäre, dann wäre es längst über alle Berge in anderen Kanälen gelandet, ganz bestimmt nicht beim Verkäufer dieser dubiosen Finanzprodukte. Handelte es sich um Kursverluste oder Preisstürze, dann ist das Geld entweder vernichtet worden oder es hat den Besitzer gewechselt. Den Gewinn hat jemand anderes, der genau diesen Vorgang vorausgesehen und darauf gesetzt hat.

Das verdeutlicht wie wichtig es ist, erstens auf die Sicherheit Ihrer Geldanlagen zu achten und zweitens bei Renditeprognosen einen kühlen Kopf zu behalten und den Verstand einzuschalten.

Die Bankenbranche hat so viel an Vertrauen verloren, dass es eigentlich sehr lange dauern sollte, ehe dieses einigermaßen wieder hergestellt ist. Tatsächlich trifft das Misstrauen aber eher die privaten, selbständigen und sogar die unabhängigen Berater, hinter denen keine großen Vertriebsorganisationen stehen. Bankberater, Verkäufer von Strukturvertrieben und Verbraucherzentralen werden nicht müde, vor privaten Anbietern zu warnen. Das ist genauso falsch, wie leichtgläubig allen Empfehlungen von privaten Finanzberatern zu folgen. Nur, weil jemand selbständig ist, ist er doch noch lange nicht unseriös. Es kommt immer darauf an, w e m Sie Ihr Geld anvertrauen, in welcher Form es angelegt wird, wie der Berater gegen Schadensersatzansprüche abgesichert ist und dass Sie dem selbständigen Berater kein Bargeld anvertrauen. Das Krisenthema hat viele Anleger misstrauisch werden lassen. Eine wachsende Zahl von Kunden nimmt nicht mehr alles hin. Leider ist das aber immer noch nicht die Mehrheit. Viele Kunden werden nach wie vor an ihrem Bedarf vorbei beraten, die meisten merken es nur nicht.

Wie stellt sich die Regierung eigentlich den Kunden der Zukunft vor? – Selbstbestimmt, mündig und verantwortungsvoll handelnd. Und die Finanzbranche? Sie bevorzugt den genormten, standardisierten Kunden. So kann der Kunde von morgen die meisten Anfragen und Geschäftsvorfälle selbst bearbeiten (Onlinebanking, Kreditgenehmigung am Geldautomaten, Karten- und Handyzahlungen, virtuelle Beratung). Auf diese Weise wird jede Menge Personal eingespart und werden viele Schadensersatzansprüche abgewehrt. Aber greift dieser Gedanke der kompletten Technisierung nicht viel zu kurz, wenn damit die Fähigkeit verloren geht, einfache und logische Zusammenhänge zu erkennen? Wie will man so dem Chaos der vielen Gesetze, Verordnungen und Vorschriften Herr werden und selbstbestimmt und verantwortungsvoll handeln? Bereits heute ist der Verbraucher mit den selbst zu treffenden Entscheidungen in allen möglichen Bereichen überfordert. Und falls nicht, wird dann in Zukunft überhaupt noch Beratung im Finanzsektor benötigt?

Wobei man in der Finanzbranche Wert auf die Feststellung legt: Für die komplizierten Themen wie Wertpapiere, Versicherungen oder Baufinanzierungen wird immer Beratung benötigt. Das sind jedoch gleichzeitig die provisionsträchtigsten und damit lukrativsten Vorgänge für die Anbieter und Verkäufer.

Der entführte Finanzberater wurde übrigens nach Tagen vom SEK befreit. Die Rentner sollen ihr Geld in Immobilien in Florida angelegt haben und damit verloren haben. Und wer ist schuld an dieser ganzen Misere?

Die Spekulanten sind an allem schuld

Politiker und andere Vertreter der Öffentlichkeit haben endlich jemanden gefunden, den man für die Krise verantwortlich machen kann: die Spekulanten. Aber: Wer sind denn »die Spekulanten«? Wo haben die ihren Sitz? Sie sitzen gleich bei Ihnen nebenan um die Ecke. Es sind Hedgefonds, Pensionsfonds, Kapitalgesellschaften und andere Milliardenverwalter, aber vor allem sind es die Banken! Warum traut sich keiner, es laut auszusprechen: Die Banken sind an allem schuld.

Sie glauben doch nicht etwa, dass das Eigenhandelsgeschäft der Banken nur aus dem Kauf und Verkauf von Aktien besteht! Und wenn das Geschäft der Banken nicht umfassend reguliert wird, dann werden auch die Folgen von Fehlspekulationen unkalkulierbar bleiben. Das haben weltweit auch die politisch Herrschenden erkannt und versuchen, seit Ende 2010 wenigstens ein paar Konsequenzen zu ziehen. Die Banken müssen meiner Meinung nach wieder auf ihr ursprüngliches Geschäftsfeld zurückgeführt werden: das Entgegennehmen und Verleihen von Geldeinlagen. Das Handeln mit Geld und das Schaffen von ungedeckten Schulden darf nicht mehr der Hauptzweck des Bankgeschäftes sein. Risikogeschäfte müssen mit mehr Eigenkapital unterlegt werden, damit die Banken sich bei Fehlspekulationen selbst helfen können. Beispielsweise brauchen Banken und Versicherungen für Staatsanleihen aus dem europäischen Wirtschaftsraum kein Eigenkapital hinterlegen, auch wenn normalerweise Papiere von schlechterer Bonität mit Eigenkapital unterlegt werden müssen! Für ihre Darlehen bei der EZB (Europäische Zentralbank) sind keinerlei zusätzliche Sicherheiten erforderlich, sofern diese mit Staatsanleihen besichert sind, egal, von welchem Staat diese herausgegeben wurden. Dabei können Staatsbankrotte für die Zukunft nicht ausgeschlossen werden. Dreimal dürfen Sie raten, welche Blase als nächstes an den Märkten platzen wird: Das wird die Anleiheblase sein. Laut »FAZ« vom 15.06.10 flossen seit Jahresanfang 2010 in den ersten vier Monaten netto Mittel von 14,9 Mrd. Euro in Rentenfonds, in Aktienfonds dagegen nur 200 Mio. Euro. Bereits seit Jahren steigen die Kurse fast aller Anleihen ins Unermessliche. Die Finanzkrise hat die Nachfrage noch einmal beschleunigt. Anleihen gelten als »sicherer Hafen«, da sie eine feste Verzinsung und die Kapitalrückzahlung versprechen. Die Kurse von Anleihen steigen seit zwei Jahrzehnten mehr oder weniger unter Schwankungen, das wird in der nächsten Krise ein böses Erwachen geben. Problematisch ist das auch deshalb, weil die echten Zinsen, die sich am Markt bilden würden, durch die Notenbanken, die Geschäftsbanken und die anderen Spekulanten immer weiter künstlich verzerrt werden. Die Banken emittieren laufend neue strukturierte Finanzprodukte, die gar nicht kompliziert genug sein können, damit sie möglichst keiner mehr versteht. Das führt zu Scheingewinnen bei den Banken, die auf dem Eingehen enormer Risiken basieren. Und es wird dadurch eine künstliche Liquidität geschaffen, die den Geldkreislauf zusätzlich weiter aufbläht. Das ist deshalb so gefährlich, weil sich inzwischen der Finanzkreislauf völlig von der realen Wirtschaft abgekoppelt hat. Das Volumen der umlaufenden Derivate beträgt inzwischen das 12-fache des materiellen Wirtschaftskreislaufes. 80 Prozent davon werden nicht über eine offizielle Börse gehandelt! (3)

Warum? Weil die Banken im außerbörslichen Handel höhere Erträge erzielen als über den Börsenhandel und dieser offiziell kontrolliert wird. Ein Großteil dieser künstlich geschaffenen Transaktionen widerspiegelt sich gar nicht in den Bankbilanzen. Der aufgeblähte Geldkreislauf wird von ganz wenigen großen »Spielern« beherrscht. Wenn wieder Fehlspekulationen auftreten und die Staaten nicht mehr

hilfreich eingreifen können, kommt es zu weiteren großen Marktver-
werfungen und Krisen, die in letzter Konsequenz auf dem Rücken
des kleinen Mannes ausgetragen werden, weil der nichts dagegen tun
kann. Gelddrucken durch den Staat über die Zentralbanken geht ja
immer. Wie lange wir uns damit allerdings noch zukünftigen Reichtum kaufen können, steht in den Sternen. Die Krisen werden deshalb
zu immer heftigeren Kursausschlägen führen und in immer kürzeren
Abständen auftreten.

Natürlich kann man den Geschäftsablauf nicht ins 18. Jahrhundert
zurückdrehen, denn das würde nicht nur die Rendite der Banken
einschränken, sondern auch die Anlagemöglichkeiten der Kunden.
Doch wollen oder müssen die Kunden überhaupt ihre Renditen auf
Teufel komm raus maximieren? Ich meine zuerst die Privatkunden,
denn die institutionellen und Geschäftskunden müssen das, solange
Wachstum und Gewinn das einzige Kriterium für Fortschritt und
Wohlstand sind.

Zur Bekämpfung ausufernder Spekulationen muss die Geldmenge
unbedingt durch die Notenbanken rechtzeitig verknappt und die
Politik des billigen Geldes gestoppt werden. Und natürlich müssen
einzelne hoch verschuldete Staaten ihre Defizite reduzieren, damit
auf ihren Kollaps nicht mehr gewettet werden kann. Wenn das Übel
aber nicht an der Wurzel gepackt wird, und die entsprechenden Finanzprodukte, mit denen man auf solche Tatsachen wetten kann, zum
Teil verboten werden oder zumindest komplett an den Börsen gehandelt werden müssen, dann wird sich an den Resultaten nichts ändern.
Banken, und hier vor allem die großen Privatbanken, verdienen sehr
gut an jeder solcher Transaktion. Die Produkte wurden doch extra
dafür geschaffen, um daran zu verdienen. Die Produktentwickler der
Finanzindustrie suchen und finden jederzeit eine Tatsache, auf die oder
gegen die man wetten kann. Die Banken verdienen nicht nur, wenn
Kurse steigen und sich Blasen bilden, sie verdienen auch glänzend an
fallenden Kursen und Kurseinbrüchen. Und das dank der schnellsten

Computerprogramme der Welt und der raffiniertesten Algorithmen gleich vieltausendfach in der Sekunde! Die Banken würden sogar noch auf den Weltuntergang wetten, wenn sie sich sicher wären, ihn zu überleben und vorher entsprechende Ausfallversicherungen verkaufen.

Kurz vor der großen Krise verkauften die Banken den Privatanlegern massenweise Wetten auf steigende Aktienkurse in Form von Zertifikaten, Kommunen ließ man auf die Ausweitung von Zinsdifferenzen mit Hilfe von Swaps (permanente Zahlungsaustauschgeschäfte) wetten und Hedgefonds (Fonds mit spekulativer, intransparenter Anlagestrategie) spekulierten auf Staatspleiten durch den Kauf von Kreditausfallversicherungen. Die Gegenpartei war stets eine Bank. Solange die Banken in jeder Lage an dem für sie passenden Produkt Geld verdienen und Riesengewinne machen, können die Sachverhalte, auf die oder gegen die man wetten kann, gar nicht exotisch genug sein, beispielsweise das Wetter, Schweinehälften oder Fußballtore. Das Geld für Wetten wird immer aufzutreiben sein. (Von wem? Na, von den Banken!) Deshalb ist es den Banken relativ egal, in welche Richtung die Kurse gehen. Sie sichern sich in jedem Fall mit einem Gegengeschäft ab, für den Fall, dass der Kunde einmal Recht behält. Sollte das nicht möglich sein, wird eben das Finanzinstrument gerade nicht gehandelt. »Wir haben den Handel mit den Papieren etwa 15 Minuten ausgesetzt, weil es angesichts der extremen Bewegungen an den Börsen nicht möglich war, uns mit einem Gegengeschäft abzusichern, sagt ein Zertifikateexperte der Deutschen Bank in Frankfurt«. (3)

In Finanzkrisen gibt es besonders viele Profiteure, wenigstens ein paar davon geben es offen zu: Krisenzeiten sind immer Phasen gewesen, in denen Spekulanten am besten verdient haben. Selbst in ihrem normalen Standardgeschäft sind die Banken die größten Gewinner der Krise. Vergleichen Sie einmal: Damit einige nicht Pleite gingen oder bilanziell ins Wanken kamen, werden die Banken von der EZB mit billigem Geld unterstützt. Per 21.06.2010 betrug der Eonia (Durchschnittszins

16

für unbesicherte Tagesgeldausleihungen im Euroraum) auf dem Interbankenmarkt, zu dem sich die Banken über Nacht untereinander Geld leihen, 0,34 Prozent. Die Spitzenrefinanzierungsfazilität, der höchste Zinssatz, zu dem die EZB den Geschäftsbanken über Nacht Geld leiht, betrug zur selben Zeit 1,75 Prozent – Wie viel kostet Ihr Dispositionskredit oder Ihr Überziehungskredit »für eine Nacht«? 12,95 Prozent oder 17,95 Prozent? Und wie viel bekommen Sie »über Nacht« für Ihr Tagesgeld? 0,5 Prozent? Die Möglichkeiten zur Erhöhung der Margen für das Tagesgeschäft der Banken sind in der Krise viel besser als sonst. Warum soll sich dann unbedingt schnell etwas ändern?

Für uns Anleger gilt deshalb: Wir können die nächste Finanzkrise nicht verhindern und ihren Zeitpunkt nicht exakt voraussagen, aber wir können versuchen, uns besser auf ihr Eintreten und ihre Auswirkungen einzustellen.

»Ein kluger Mensch sieht so viel, wie er sehen soll,
nicht so viel, wie er sehen muss.«

Michel de Montaigne

2. Alles schon vergessen?

Teufelszeug für Ahnungslose (4)

Mit dieser Wortschöpfung wurden im Hauptkrisenstadium Zertifikate bezeichnet, deren Verkauf auch mich hauptsächlich um den Schlaf brachte. Zertifikate, die selbst in und nach der Krise noch en gros verkauft werden. Hat sich nach dem unmittelbaren Höhepunkt der Krise im Herbst 2008 (Lehman – Pleite) die Situation der Banken gebessert? Nein, sie hat sich 2009 sogar noch verschlechtert. Bei deutschen Banken hat sich das Volumen der Problemkredite binnen eines Jahres verdoppelt: » Deutsche Banken haben einer Studie zufolge deutlich mehr faule Kredite in ihren Büchern als Institute anderer Staaten Europas. Insgesamt summierten sich die problematischen Darlehen hiesiger Institute Ende 2009 auf fast 213 Mrd. Euro, wie aus einer veröffentlichten Studie der Wirtschaftsprüfungsgesellschaft PricewaterhouseCoopers (PWC) hervorgeht.« (5)

Ein Blick auf eine vorläufige Gesamtbilanz der Finanzkrise für das Jahr 2009 sieht folgendermaßen aus: Die einzigen Banken, die keine direkte staatliche Hilfe in Anspruch nehmen mussten, sind die Deutsche Bank und die Genossenschaftsbanken. Weitere Abschreibungen, die durch die Finanzkrise verursacht wurden, stehen den privaten Geschäftsbanken laut IWF kaum noch bevor, während Landesbanken und Sparkassen sowie andere Banken noch weiterhin hohe Verluste aus Wertpapierberichtigungen abzuschreiben haben. »Von den Gesamtverlusten der deutschen Banken durch die Finanzkrise entfallen laut IWF 132 bis 143 Mrd. Dollar auf die privaten Geschäftsbanken, 143 bis 151 Mrd. Dollar auf die Landesbanken und Sparkassen sowie 39 bis 44 Mrd. auf die übrigen Kreditinstitute. Relativ am schlechtesten stehen demnach die Landesbanken und Sparkassen da. Öffentlich-rechtliche Institute wie die BayernLB, die WestLB, die HSH Nordbank und die

LBBW schrieben 2009 hohe Verluste und mussten in der Krise von ihren Eignern gestützt werden.« (6)

Gerade die öffentlich – rechtlichen Banken sind aber die Institute, die in der Bevölkerung das meiste Vertrauen genießen. Liegt das daran, dass » die Sparkassen so tun, als hätten sie mit den Landesbanken nichts zu tun. Landesbanken sind regionale Zentralbanken der Sparkassen. Sie gehören ihnen gemeinsam mit den Bundesländern.« (7)

Mit dem Argument: Wir haben nicht spekuliert, wehrten sich die Sparkassen gegen die Zahlung der Bankenabgabe. Doch gerade von den Landesbanken wurden neben den Zertifikaten beispielsweise auch kreditfinanzierte Rentenversicherungspolicen angeboten, deren Ergebnis statt einer ansehnlichen Zusatzrente gewaltige Schulden für die Versicherungsnehmer waren. Das Konstrukt funktionierte nicht, weil die versprochenen Renditen von vornherein nicht erwirtschaftet werden konnten. Nicht einmal Privatbanken haben diese gewaltigen Risiken an ihre Privatkunden weiter gegeben. Verkauft wurden diese hauptsächlich, wie die meisten der anderen von den Landesbanken angebotenen Produkte, über Sparkassen. Ebenso wurde von Sparkassen ein Teil der offenen Immobilienfonds, die nun abgewickelt werden müssen, vertrieben.

Laut einer Umfrage der Gesellschaft für Konsumforschung, die am 23.03.2010 im »Handelsblatt« veröffentlicht wurde, hatten nur noch durchschnittlich 15 Prozent aller Teilnehmenden generell Vertrauen zu Banken und Versicherungen. Mehr als die Hälfte aller Befragten war sich sicher, dass ihnen ihr Bankberater Produkte verkauft, die sie nicht benötigen. Aber: knapp 70 Prozent hatten nach wie vor vollstes Vertrauen zu ihrer Hausbank!

Woran liegt das? Erstens braucht jeder eine Hausbank. Wer gibt schon gern zu, dass er sich die falsche Hausbank ausgesucht hat? Schlecht sind immer nur die anderen. Zweitens ist der Kunde an seine Hausbank gewöhnt, an deren Eigenheiten, Gepflogenheiten und Bedingungen. Meistens kennt er seinen Berater auch schon ein paar Jahre, sofern seine Bank nicht konsequent nach dem Prinzip der kurzfristigen Beraterrotation verfährt. Dieses Prinzip wird vor allem deshalb angewendet, weil der neue Berater sich im Produktverkauf den Kunden zuwendet, bei denen der alte Berater längst aufgegeben hat. So werden alle Berater im Laufe ihrer Tätigkeit zu so vielen Verkaufs- und Motivationsseminaren geschickt, dass sie bereits einiges von deren Inhalten in ihr tägliches Leben integriert haben, um sich im Konkurrenzkampf zu behaupten. Das könnten beispielsweise die Leitsätze sein: »Locken statt fordern« oder »Nutzen zeigen statt argumentieren« oder »Weniger ist mehr«. Ein guter Verkäufer sagt immer nur das Notwendigste und lässt das Wesentliche weg. Von einem guten Verkäufer werden die Erträge für die Abwicklungs-, Controlling- und Führungsebenen der Bank mit erwirtschaftet. Darum gilt nach wie vor die alte Branchenweisheit der Fondsindustrie: »Bei Finanzprodukten herrscht Wettbewerb um den Vertrieb, nicht um die Anleger.« (8) Deshalb und weil die Verdienstmöglichkeiten in der Finanzbranche so außerordentlich gut sind, gibt es in Deutschland weit mehr Bankfilialen als Bäckereien. Auf 1.000 Einwohner berechnet existieren ungefähr zweieinhalb bis dreimal so viele Finanzberater wie in den USA oder Großbritannien, wie ich der »Wirtschafts Woche« Nr. 30 vom 26.07.2010 entnehmen konnte. Und ein Großteil davon existiert nicht schlecht.

Ausgenommen wie eine Weihnachtsgans (9)

Aus der Vielfalt der Verdienstmöglichkeiten mit den unterschiedlichsten Beratungsangeboten resultieren solche bemerkenswerten Tatsachen, wie ich sie in der »FAZ« zur Fondsgesellschaft einer großen Versicherung fand: »Institutionelle Anleger machen zwei Drittel des verwalteten Vermögens aus, doch nur ein Drittel des Gewinns, bei Privatanlegern ist das Verhältnis umgekehrt.« (10)

Nur, es gehören immer zwei dazu: einer, der ausgenommen wird und einer, der ausnimmt. Nun werden sicher viele fragen, was soll ich »kleiner Mann« denn gegen eine so große Fondsgesellschaft und deren Kostenstruktur ausrichten? Vergleichen und wechseln! Das ist der einzige Weg.

Es ist in meinen Augen ein Skandal, wenn heutzutage ein älterer, damit überforderter Kleinanleger einen geschlossenen Fonds in Form eines Flugzeugleasingfonds mit zehn Jahren Laufzeit von einem öffentlich – rechtlichen Kreditinstitut, einer Sparkasse, angeboten bekommt! Und warum kauft der Anleger trotz der Berichterstattung und der Warnungen immer noch solch einen Fonds? – Weil der neben 7 Prozent Ausschüttung jährlich obendrein noch Steuervorteile verspricht und weil die nette Beraterin von nebenan nach wie vor das Vertrauen des Anlegers genießt. Dabei muss man sich mit den Fallstricken von geschlossenen Fonds wie dem Fremdkapitalhebel oder den Tücken des Flugzeugmarktes oder Währungskursen gar nicht auskennen, um diese Anlage ausreichend zu beurteilen.

Es genügen zwei simple Überlegungen:

- Ein Finanzprodukt muss einfach, klar und verständlich sein. Ist es das? Nein! Denn zum Angebot gehört unter anderem ein Verkaufsprospekt von 164 Seiten! Der Verkäufer des Produktes vertraut ja darauf, dass Sie diesen Prospekt gar nicht vollständig lesen und im Einzelnen beurteilen können.
- Jeder hohen Chance steht auch ein dementsprechendes hohes Risiko gegenüber. Da gibt es keine Ausnahme!
- Welche (fast) risikolosen Renditen gibt es derzeit am Markt für zehn Jahre Laufzeit (Vergleich mit Bundesanleihen – Stand: August 2010)? Nicht einmal 2,5 Prozent. Ist die Anlage mit 7 Prozent dann mit einem hohen Risiko verbunden? Ja, natürlich. Dann muss sich der Anleger fragen, ob er dieses Risiko tragen w i l l und k a n n .

(Nebenbei bemerkt: Ein höheres Risiko führt nicht automatisch zu einer höheren Rendite.)

Als zusätzliche Überlegung reicht ein Blick auf die Gesamtkosten. Sie betragen insgesamt 19 Prozent: 5 Prozent werden als zusätzlicher Aufschlag erhoben und vierzehn Prozent Verwaltungs- und Managementkosten gleich vom Kapitaleinsatz abgezogen. Das kann doch nicht gut für die Anlegerrendite sein! Übrigens: der erste Hinweis auf die einzelnen Kosten findet sich auf Seite 61 des Verkaufsprospektes.

Mehr braucht man doch gar nicht zu wissen als Anleger. Diese Beurteilung trifft für alle Finanzprodukte zu!

Für Millionäre und andere Leute, die sich tatsächlich mit steuerlichen Problemen herumschlagen, kann das eine oder andere Produkt aus der Gattung geschlossener Fonds durchaus sinnvoll sein. Jedoch sind das nicht die Anleger, für die meine Bücher gedacht sind. Denken Sie nicht, es wäre ein absoluter Ausnahmefall, dass Kleinanleger geschlossene Fonds angeboten bekommen. Im Gegenteil, es passiert sehr häufig in der Bank sowie bei freien Finanzproduktvermittlern. Und warum? Weil sich daran so gut verdienen lässt, wie beim Thema Kosten ersichtlich ist. Denn diese Kostenbestandteile fließen nicht nur zu den Initiatoren und Gründungsgesellschaftern. Ein nicht unerheblicher Teil davon landet in Form von Provisionen beim Vertrieb, sprich bei der Bank oder dem Vermittler. In dem genannten Fall sind das beispielsweise 9,5 Prozent vom angelegten Geld!

Ob bei Banken, Strukturvertrieben oder Vermittlern: Wenn es in der Finanzbranche nicht so einfach wäre, relativ schnell viel Geld zu verdienen, gäbe es nicht so viele Berater. Nach meiner Erfahrung braucht ein unzufriedener Bankkunde acht bis zwölf Jahre, ehe er sich wirklich zu einem Wechsel entschließt. Weshalb soll dann der Kampf um die Kunden ausgerechnet bei guter, teurer und aufwendiger Beratung beginnen? Zumal viele Kunden nach wie vor ahnungslos sind, was ihre eigenen Geldangelegenheiten betrifft.

Das Problem bei Finanzprodukten ist, dass sie oft sehr kompliziert aufgebaut sind, Zusammenhangwissen voraussetzen und sich meist erst sehr viel später, nach Jahren, herausstellt, ob sie gut oder schlecht geeignet waren. Und man kann sie nicht ohne weiteres einfach reklamieren oder zurückgeben. Auf die Ergebnisse von Finanzprodukten gibt es keine Garantie. Außerdem werden Anlageentscheidungen von Gefühlen beeinflusst. Das Verhältnis der Deutschen zum Geld ist zu großen Teilen negativ besetzt, was sicherlich auch aus historischen Erfahrungen resultiert.

Aber müssen Bankkunden denn ihrem Berater hilflos ausgeliefert sein? Nein, natürlich nicht. Wenn Sie sich bereits im Vorfeld eines Anlagegespräches Gedanken über Ziele, Wünsche und Möglichkeiten machen sowie sich besser als in der Vergangenheit informieren, haben Sie schon einen großen Schritt getan. Viele Menschen wollen nur dann unabhängige Ratschläge, wenn Panik, Ratlosigkeit, Unsicherheit herrscht oder sich negative Veränderungen bei ihrer Anlage ergeben haben. Sie suchen erst Rat, wenn sie völlig verzweifelt sind, wenn das Kind schon in den Brunnen gefallen ist. Einige lassen sich zwar raten, aber bezweifeln die Aussagen des unabhängigen Beraters, lassen sich von Produktverkäufern wieder davon abbringen und setzen die erhaltenen Ratschläge nicht um … Meine Erfahrung ist: Anleger wollen sich heute zwar öfter als noch vor einigen Jahren gedacht, auch gegen Honorar beraten lassen. Aber die meisten Leute betrachten das Honorar nur als zusätzlichen Kostenfaktor, ohne den entsprechenden Nutzen der Beratung dagegen zu rechnen, den man sich somit bei einer Beratung über die Bank oder einen Finanzvermittler sparen kann. Und sie überschätzen sich. Um das Honorar so gering wie möglich zu halten, wollen sie nur Aussagen zu einem ganz bestimmten Produkt haben, wie es funktioniert, wie seine Bedingungen und seine Konditionen sind. Dabei können aber ganz falsche Ratschläge entstehen. Wie soll ich beurteilen können, ob ein Bausparvertrag gut und angebracht ist, wenn ich nicht weiß, wie die gesamte Baufinanzierung aufgebaut ist und nicht alle Einnahmen und Ausgaben des Kunden und seine anderen Verträge kenne? Es kann also völlig falsch sein, den Nutzen eines Bausparvertrages isoliert von einem unabhängigen Honorarberater beurteilen zu lassen.

Die Banken jedoch glauben nicht, dass sich eine Anlageberatung auf Honorarbasis in Deutschland durchsetzt. Was für ein Zufall! Eine größer gewordene Privatbank bietet ihren Kunden seit Jahresanfang 2010 ein einfaches Honorar – Gebührenmodell in der Vermögensverwaltung an. Nur 0,01 Prozent der Mandanten aus der gehobenen Privatkundschaft haben sich gemäß der Aussage einer Führungskraft der Bank gegenüber der »FAZ« bisher für dieses Modell entschieden, welches von den Beratern sicherlich auch ganz aktiv beworben wurde …

Nichts gelernt

Die Banken machen so weiter wie bisher. Mit noch mehr Werbung soll neues Vertrauen geschaffen werden. Ich staunte nicht schlecht, als ich neulich im Urlaub bei einer Bank Geld abhob: Ich befand mich bei der Bank mit der besten Kundenberatung! Geprüft und bestätigt vom Institut für Makroökonomie und Konjunkturforschung! Als ich an der nächsten Bank vorbei ging, war ich beim besten Girokonto angelangt, ausgewiesen bei »Stiftung Warentest«! Bei der dritten Bank las ich: »Sicherster Kredit«, da war mir alles klar. Es gab viele verschiedene Gütesiegel: den besten Service, die beste Filialbank, die schnellste Kreditbewilligung, das beste Kreditangebot, die Bank des Jahres oder d i e Beste Bank überhaupt. Alles natürlich TÜV- geprüft oder von »Focus Money« bestätigt. Eine Bank hatte gleich vier solcher Schilder in ihren Schaufenstern hängen. Was glauben Sie wohl, wer derartige Studien, Interviews und Ranglisten bezahlt?

Vielleicht ist es auch ein wenig Resignation, die mich veranlasst, immer kritischeren Abstand zur Finanzbranche zu halten. Je länger und je genauer ich hinter die Kulissen der Finanzwelt sehe, desto mehr hinterfrage ich alles. Ich blicke jetzt von außen auf die Branche und wie im Brennglas sehe ich in erster Linie ihre Fehler und Schwächen. Daran sind aber nicht nur die in ihr tätigen Akteure schuld. Auch das Verhalten der Anleger kann ich nicht nachvollziehen. Ist man denn 20 Jahre nach der Einheit im Osten immer noch viel vertrauensseliger und viel gut gläubiger als im Westen? Oder liegt das daran, dass im Osten pro Haushalt nur rund ein Drittel des westdeutschen Kapitals vorhanden ist?

Viele Leute, auch aus der Finanzbranche, glauben bis heute, dass Anfang der 90-er Jahre im Westen schon jahrzehntelange, gute Erfahrungen mit Fonds vorhanden waren, da die meisten Fondsgesellschaften bereits in den 50-er Jahren gegründet wurden. Tatsächlich führten die Fondsgesellschaften vorher ein Nischendasein. So gibt es viele beiderseitige Irrtümer, die bis heute nachwirken.

Wie sieht die derzeitige Anlagesituation aus? Im Westen versucht man, sich größtenteils mit Gold- und Immobilienkäufen auf eine drohende Inflation einzustellen. Im Osten kauft man überwiegend Zertifikate der Landesbanken, beispielsweise der WestLB. Ich frage mich: Kann das wahr sein? Lediglich der Produktanbieter hat sein Problem – die Steigerung der Abschlussprovisionen – gelöst.

Selbst wenn Sie einmal eine Wette mittels eines Zertifikates (siehe Anlage B) gewonnen haben, muss die Rechnung doch nicht ein zweites Mal aufgehen. Und eine dritte Bankenrettung muss auch nicht unbedingt funktionieren. Nicht umsonst war im Zuge der Diskussion zu den wenigen Regulierungsmaßnahmen als einziger der VÖB (Bundesverband Öffentlicher Banken Deutschlands) gegen eine Veröffentlichung von *echten* Stress-Tests für die größten europäischen Banken. Dort sollten die Überlebenschancen der Banken realistisch in einem verschärften Krisenszenario vorab getestet werden. Die WestLB war neben der HRE die einzige Bank, die die Gründung einer eigenen Bad-Bank mit staatlicher Hilfe in Anspruch genommen hat, wohin

28

sie einen Großteil ihrer faulen Wertpapiere auslagerte. Die WestLB ist aber nicht erst durch die Finanzkrise in existenzbedrohende Probleme geraten. Sie waren schon vorher vorhanden und sind insbesondere durch riskante Geschäfte im Eigenhandel entstanden. Jedoch Otto Normalkunde bekommt Zertifikate, unter anderem Bonus – Zertifikate und Aktien – Anleihen der West LB und anderer Landesbanken angeboten. Er hat Geld anzulegen, für das ihm die 0,25 Prozent vom Sparbuch oder die 0,75 Prozent vom Festzinssparen nicht ausreichen, da es bessere Zinsangebote gibt. Ist doch bis jetzt immer gut gegangen, einige Zertifikate der WestLB sind sogar vorzeitig zurückgezahlt worden. Was soll schon passieren? Klar verdient die Bank da dran, das weiß ja nun jeder. Aber ich bekomme für mein Geld statt 0,25 immerhin 5 Prozent Zinsen, ist doch ein gutes Geschäft, sogar kapitalgarantiert, wenn ich die Anlage bis zur Fälligkeit halte. Das ist doch die beste aller Welten: Einerseits die Sicherheit, dass man seinen Einsatz wiederbekommt, andererseits die Chance auf eine überdurchschnittliche Rendite, so ein Produkt lässt sich gut verkaufen. Warum die Risikoprämie in Form des Zinses so hoch ist, scheint niemanden zu interessieren. Die Verantwortlichen scheint es auch nicht zu stören. Aber sie versuchen ja das Beste, sie wollen ihr öffentlich-rechtliches Zentralinstitut mit Hilfe der Kundengelder retten. Und verzichten auf diese Einlagen in ihrer eigenen Bilanz, was sie sich auch gut und gerne leisten können, denn sie haben ja einen gewaltigen Einlagenüberschuss, den sie gar nicht ausreichend verwenden oder verleihen können. Am Verkauf der Zertifikate gibt es eine sehr hohe Vertriebsprovision zu verdienen. Alles wird nur solange funktionieren, solange ausreichend Vertrauen vorhanden ist.

Ziemlich arglos ist Otto Normalkunde aus der größten Finanzkrise seit den Dreißigerjahren des vergangenen Jahrhunderts herausgekommen und schlittert sehenden Auges in die nächste Krise. Aber wahrscheinlich werden die Banken auch dann wieder gerettet werden und alles ist gut. Der Steuerzahler steht wie gehabt schon bereit. Eine

Bankenabgabe ist nur der Tropfen auf den heißen Stein, die am Ende sowieso wieder der Kunde bezahlt. Eigentlich braucht sich niemand über gierige Banker aufzuregen, wenn er selbst nach dem Motto handelt: Mehr ist für mich nicht gut genug, ich will noch mehr! Wahrscheinlich ist vielen ein ruhigeres oder aktives Leben wichtiger, als sich mit Finanzangelegenheiten zu befassen. Das ist aber notwendig, um nicht weiterhin ausgenommen zu werden. Deshalb will ich Ihnen im letzten Kapitel ein paar Anregungen geben, sich mit der Materie der Geldanlage intensiver auseinanderzusetzen, um nicht ständig wieder Zuflucht in Notlügen nehmen zu müssen. Dieser Satz ist so eine: »Wir müssen mal zu Ihnen kommen.« Ich kenne ihn von vielen ehemaligen Kunden. Es ist wie im richtigen Leben, der eine meint diesen Satz wirklich ernst und ruft dann, wenn auch nach ganz langer Zeit, wieder an. Für die meisten aber ist diese Aussage einfach so ein Satz, um sich » frei zu kaufen«, um sich selber zu beruhigen oder schnell und unbeschadet das Gespräch beenden zu können. Sie glauben, der Beratende würde diesen Satz hören wollen und denken, sie müssten ihn »trösten« oder beruhigen ihr Gewissen dadurch, dass sie ihm nicht unverblümt abgesagt haben. Wer wie ich lange Jahre Kunden beraten hat, kennt diesen Satz ganz genau und weiß, was er davon zu halten hat.

Krank durch die Bank (11)

Meine Kapitelunterschriften sind nichts anderes als Schlagzeilen aus Presse, Fernsehen und Internet der letzten drei Jahre, mitten aus der Finanzkrise heraus. Meine Sicht ist die Sicht einer ehemaligen Bankerin, die es »nicht mehr ertragen konnte, unsichere, Rat suchende Kunden regelmäßig falsch und unvollständig zu beraten, um die Vorgaben der Bank zu erfüllen«. (12)

Ich habe in, durch und mit meinem Beruf gelebt. Und dieser Beruf war Banker, genauer gesagt: zu DDR – Zeiten Finanzkaufmann und

Diplom – Ökonom und später Bankfachwirt. Ich bin keine Bankerin mehr, weil ich nicht mehr bei der Bank beschäftigt bin. Wenn ich mir das Image des Bankberufes in der Öffentlichkeit betrachte, weiß ich allerdings nicht, ob ich darüber traurig sein soll. Der Beruf des Bankers ist heutzutage bei jungen Leuten ungefähr so beliebt wie ein Handyverbot. Uns wurde von den Chefs immer gesagt: »Na, wenn Sie nicht wollen, Tausende andere warten schon auf Ihren Job!« Darüber kann man ja heute nur noch lachen. Der Banker zählte in der großen Bankenkrise zu den unbeliebtesten Berufsgruppen. Nur noch Wenige möchten sich mit den Kostüm und Krawatte tragenden Damen und Herren identifizieren und glauben daran, dass mit einem solchen Arbeitsplatz ihre Zukunft abgesichert ist und ein großes Karrieresprungbrett wartet. Investmentbanker haben mittlerweile gar schlechte Chancen, in einen Freundeskreis aufgenommen zu werden. Noch vor wenigen Jahren waren Bankangestellte als seriöse, gebildete, über den Dingen stehende Sachwalter des Geldes in der Öffentlichkeit hoch angesehen. Dass sich das geändert hat, daran ist die Branche selbst schuld. Und ich habe mehr als mein halbes Leben lang dazu gehört, über 30 Jahre lang. In diesem Buch kann ich nur von mir sprechen. Bis auf einen Sachverhalt, auf den ich gesondert hinweise, habe ich alles Beschriebene selbst erlebt.

Ende 2007 habe ich meinen Job nach mehr als 16 Jahren in der gleichen Bank aus Gewissensgründen an den Nagel gehängt. Als ich noch bei der Bank beschäftigt war, litten vor allem meine Psyche und damit die Gesundheit. Ich hatte Alpträume, Herzrasen, Reizdarm und hohen Blutdruck. Wenn ich an bestimmte Kunden und die Entwicklung einiger Finanzprodukte dachte, die ich an sie verkauft hatte, verbrachte ich manche schlaflose Nacht mit Gewissenskonflikten. Was, wenn die Kunden merkten, dass ich ihnen nur eingeredet hatte, dass sie dieses oder jenes Produkt brauchten?

Jeden Monat, jede Woche wurde ein neues Produkt festgelegt oder herausgebracht, worauf der Verkaufsschwerpunkt der Bank oder der Filiale liegen sollte. Mit Hilfe von Produkten des Monats, Aktionswochen, Beratungsgutscheinen oder speziellen Produkttagen erfolgte die Realisierung der Verkaufskampagnen. Beispielsweise wählt der Berater Kunden aus Bestandslisten aus, die danach eine Einladung durch eine Mitteilung auf dem Kontoauszug erhalten wie diese, die ich neulich auf einem Auszug stehen sah:

> Dreimal Grund zur Freude! Bausparen gibt
> es jetzt mit XXL-Förderung – greifen Sie zu:
> – 8,8 % Wohnungsbau-Prämie
> – 9 % Arbeitnehmer-Sparzulage
> – z. B. 51 % Riester-Förderung
> Wir sagen Ihnen, wie viele Prozente Ihnen der Staat schenkt – in
> unserer Aktionswoche vom 26. bis 30.!
> Reservieren Sie gleich Ihren Termin, wir freuen uns auf Sie und
> beraten Sie gern!

Dass die meisten Leute in diesem Fall, wenn überhaupt, nur einmal Grund zur Freude haben werden, wird natürlich nicht erwähnt.

Alles diente dazu, um in der Erfüllung der zehn bis fünfzehn Zielkategorien wie Wertpapierprovisionen, Bausparvolumen, Sach- und Lebensversicherungsvolumen, Kontoeröffnungen, Kreditausreichungen oder Kreditkartenverkäufe, die am Jahresanfang auf jeden einzelnen Berater aufgeschlüsselt wurden, schneller und besser voranzukommen. Dabei halfen Ansprachen durch Kasse- oder Servicemitarbeiter, Sonderberatungen, Zielprämien, Finanzchecks und andere Maßnahmen. Die schlechteren Verkäufer wurden in persönlichen Gesprächen und Teamsitzungen angesprochen und unter Druck gesetzt. Weil es jedes Mal einen Berater oder eine Beraterin gab, die bereits mehr Verträge als andere abgeschlossen hatten, war das auch kein Problem. Durch die Vorgesetzten wurde immer wieder mit drastischen Maßnahmen wie

Abmahnung, Versetzung, Springertätigkeit (der Berater wird dann in kürzester Zeit in die verschiedensten Filialen zur Aushilfe geschickt) oder gar Entlassung gedroht. Das ging sogar so weit, dass Kolleginnen freitags nachmittags nicht nach Hause gehen durften, bevor sie dem Filialleiter nicht eine vorher exakt festgelegte Anzahl an Terminvereinbarungen mit Kunden in der nächsten Woche nachgewiesen hatten. Aus diesen Terminvereinbarungen leiteten sich dann die konkreten Wochenverkaufsziele des Beraters ab. Von dieser Freitagsmaßnahme war ich allerdings nicht selbst betroffen, das weiß ich von Kolleginnen aus anderen Filialen meiner ehemaligen Bank.

Die Gefühle, mit denen ich nach Hause gegangen bin oder wieder zur Arbeit kam, wurden im Laufe der Jahre immer schlechter. Wenn Sie ständig, ob persönlich, telefonisch oder per E-Mail, über eine längere Zeit derartig unter Druck gesetzt werden, fangen Sie zwangsläufig an, irgendwann die Kundeninteressen auszublenden. Sie wollen es zwar nicht, weil Sie auch eine Berufsehre haben und jahrelang diesen Beruf gerne ausgeübt haben. Finden Sie aber keinen Kunden mehr, der Ihnen freiwillig diese Produkte abkauft, dann beginnen Sie, schlechte Kompromisse zu machen. Und zuerst fängt man dort an, wo es am einfachsten ist, nämlich bei den alten und gutgläubigen Leuten, die voller Vertrauen zu ihrer Beraterin kommen, oder bei uninteressierten, uninformierten Anlegern. Irgendwann können Sie sich der Situation nicht mehr entziehen. Das soll aber keine Entschuldigung für mich sein, lediglich eine Erklärung. Manche Berater »trösten« sich dann mit dem Gedanken: Was den Kunden nicht umbringt, kann ja nicht verkehrt sein – eines Tages wird er schon froh sein, dass er sich ein paar Euro zusammen gespart hat, egal wie und mit welcher Rendite. Dieses »Nicht – für – den – Kunden – Denken«, was von den Vorgesetzten immer wieder gefordert wurde, sowie die Erfahrungen und Erkenntnisse aus dem Finanzmarkt, die ich über all die Jahre gesammelt und immer wieder hinterfragt habe, führten dann bei mir zu der ganzen Gewissensnot und den gesundheitlichen Problemen, wie sie vielfach auch anderweitig in den Medien geschildert wurden. Diese für mich unhaltbare Situation wurde natürlich dadurch befördert, dass ich ein empfindsamer Mensch bin und mir mehr als andere um viele Dinge Gedanken mache.

Mir war klar, ich kann mich nicht ändern und die Bank wird sich nicht ändern. So blieb mir nur, die Konsequenzen zu ziehen und nach einer neuen Perspektive zu suchen. 2008 fing ich an, in dem Buch »Beratungsfalle Bank« meine Erlebnisse im Bankalltag aufzuschreiben (der berühmte »Blick hinter die Kulissen«), um andere zu warnen und aufzuklären. Danach fiel mir auf, dass es auf dem freien Finanzmarkt genau so schlimme Fehlberatungen gibt wie bei den Banken. Und ich begriff, wie schwierig es in Deutschland jemandem gemacht wird, der guten Willens ist, eine ehrliche und faire Finanzberatung anzubieten. Diese Erfahrungen habe ich im Buch »Abenteuer Geldanlage« verarbeitet. Es reicht aber nicht, Appelle und Ratschläge an die Kunden zu richten, wenn die Banken und Finanzberater ihre Einstellung zum Produktverkauf nicht ändern. Viel mehr Bankmitarbeiter und Produktvermittler müssten Verkaufsstrategien hinterfragen und anfangen, sich über wirtschaftliche Zusammenhänge und Hintergründe des Verkaufsdrucks eine eigene Meinung zu bilden.

So lange sich an diesem Mechanismus des Verkaufsdrucks in den Banken nichts ändert und es immer wieder Kunden gibt, die sich nicht dagegen wehren oder wehren können, wird sich die Situation insgesamt nicht verbessern. Ursache für diesen Druck ist das Streben nach immer schnelleren und höheren Gewinnen. Denn die Bank verdient an jedem verkauften Finanzprodukt. Diese Provisionen und Entgelte haben im Laufe der Jahre in ihren Bilanzen einen immer größeren Platz eingenommen. Und es werden nicht nur Privatkunden unpassende Produkte verkauft, sondern auch Unternehmen, Kommunen, sogar Staaten und anderen professionellen Marktteilnehmern. Deshalb unterstütze ich, was die Gewerkschaft ver.di forderte: die Zielvorgaben für Produktverkäufe ganz abzuschaffen und wieder bedarfsgerecht zu beraten (siehe www.verkaufsdruckneindanke.de). Allerdings fand ich auf der Gewerkschaftsseite auch die Aussage, dass man sicher gehen wolle, dass keine »notorischen Nörgler, Überforderten oder permanente Minderleister« ihre eigenen Defizite mit der Beschwerde auf dieser Internetseite überdecken wollten. Was soll das heißen? Überfordert womit? Und wer ist ein »permanenter Minderleister« – der schlechte Verkäufer oder der schlechte Berater?

Ich jedenfalls wurde im Laufe der Jahre eine immer schlechtere Verkäuferin. Der Druck nahm logischerweise ständig zu. Zu Beginn des Jahres 2007 gab es bereits die ersten Anzeichen dieser weltumspannenden Immobilien- und Finanzkrise. Und weil ich damals wusste, dass der Aufschwung in seiner letzten Phase war und dieser Wahnsinn der wöchentlichen Neuauflage und des permanenten Verkaufs von Zertifikaten nur zu großen Kursverlusten in den Depots (an Bankpleiten hatte ich damals allerdings nicht gedacht) führen konnte, fühlte ich mich nicht nur sehr unwohl, sondern spürte auch, dass ich die zu erwartenden Folgen nicht mehr lange verkraften könnte. Bereits der lange und langsame Kursverfall der Wertpapiere in den Jahren 2000 – 2003 und die entsetzten Gesichter sowie die Beschwerden der Kunden hatten mir seelisch sehr zugesetzt. Dieses Verkaufsspiel wollte ich nicht länger mitmachen, nicht zuletzt auch in meinem eigenen Interesse. So bat ich um die Auflösung meines bestehenden Arbeitsverhältnisses.

Ein Insider packt aus (13)

Ich hatte das große Glück und die Gelegenheit, mich in einer breiteren Öffentlichkeit für eine faire Kundenberatung einzusetzen. Am 30. April 2010 war ich mit gewaltigem Lampenfieber Gesprächsgast einer Freitagabend– Talkshow in einem Dritten Fernsehprogramm und habe

Fragen zu den Vertriebspraktiken in den Banken beantwortet. Mich hat das riesige Überwindung gekostet, es ist mir nicht leicht gefallen. Ich war deshalb sehr gespannt auf den Beitrag, für den ich am 04. Mai 2010 in einer Programmvorschau der ARD zur Sendung »Plusminus« folgende Ankündigung sah: »Für die Berater in den Banken steht auch nach der Finanzkrise nicht das Wohl der Kunden, sondern das Wohl der Bank im Mittelpunkt. Ein Insider packt aus.«

Na ja, erst einmal ist das mit dem Wohl sicher normal, denn die Berater werden von der Bank bezahlt und nicht vom Kunden wie der Honorarberater. Warum glauben immer noch so viele Leute, die Bank wolle ihnen etwas Gutes tun? Sie will und muss Geld verdienen an ihren Kunden.

Was ich dann in der Sendung sah, entsetzte mich regelrecht. Nicht die Tatsache, dass weiterhin am Kunden vorbei beraten wird, war der Grund dafür, das wusste ich ja. Nein, wie es belegt werden sollte, fand ich entsetzlich.

Als erstes waren ein paar schwarze Schuhe zu sehen und eine Treppe, die diese Schuhe benutzten, dann die dunklen Umrisse eines Mannes, der mit unkenntlich gemachter Stimme etwas von sich gab. Seine Aussagen zur Bankberatung wurden als Untertitel eingeblendet. Zum Schluss kam der Satz: »Unser Informant hat für sich die Schlussfolgerung bereits gezogen, er wird sich einen anderen Job suchen.«

Ganz abgesehen davon, dass ich von Anfang an meinen Namen nenne, habe ich mich gefragt, wo ich in dieser Sendung eigentlich gelandet bin. War das James Bond? Oder die Mafia? Sind Banken denn so mächtig? Und das nach all der öffentlichen Berichterstattung und Kritik an Ihrem Geschäftsgebaren? Ist Anlageberatung etwas Konspiratives? Sieht so das Bankgeheimnis aus? Unter Investmentbankern wird vom Schweigegelübde der Branche gesprochen. Was soll der Kunde aus diesen geheimnisumwitterten Aussagen ableiten? Wie will man mit solch im wahrsten Sinne des Wortes verschleierten Aussagen zur Erhöhung von Offenheit und Transparenz in der

Bankberatung beitragen? Oder ist das für die Medien nur Mittel zum Zweck?

Der Kunde muss sich, wenn es so schlimm ist, dass nicht einmal ein Banker öffentlich einen vernünftigen Verbesserungsvorschlag machen kann, ja noch hilfloser und betrogener vorkommen. Warum schweigen Ex – Banker oder äußern sich auf diese Weise und bringen so ihren Berufsstand noch mehr in Verruf? Bei den aktuell in den Banken Beschäftigten kann ich ja verstehen, dass die Angst wahrscheinlich größer als alles andere ist: die Angst, den Job zu verlieren. Aber die Angst vor dem ehemaligen (!) Arbeitgeber ?!

Ich weiß, dass die Banken sich im Allgemeinen die Loyalität ihrer ehemaligen Kundenberater und Mitarbeiter etwas kosten lassen. Ehemalige Banker, die sich selbständig machen, fürchten teure und langwierige juristische Prozesse. Ein nachvertragliches Wettbewerbsverbot dauert zwar nicht ewig, aber das »Gedächtnis« der Banken ist gut und ihre Einflussmöglichkeiten sind groß. Wie weit der Arm der Banken wirklich reicht, zeigt die Tatsache, dass nicht einmal ein so bekannter Mann, wie Karl Matthäus Schmidt, Vorstandsvorsitzender der quirin bank AG, einem TV – Magazin eine Antwort auf die Frage geben wollte: Wie reagieren die Chefs anderer Banken wohl auf Ihre Enthüllungen. Seine Antwort lautete: Beredtes Schweigen. Das spricht für sich, die Macht der Banken ist groß. Wenn beispielsweise ein Verlagshaus oder eine Zeitung auf ihre finanziellen Zuwendungen angewiesen ist, reicht der dezente Hinweis, dass kein Geld mehr fließt, wenn dies oder jenes abgedruckt werden sollte.

Die Welt des Geldes ist für den Normalkunden immer noch ein Tabu, in der er gefälligst nicht mitzureden und nicht zu partizipieren hat, in der Bank- und Finanzleute unter sich sind.

Vielleicht täusche ich mich, aber ich kenne niemanden, der offen gesagt hätte: Ich bin Frau oder Herr Sowieso und ich möchte Sie warnen vor den Vertriebspraktiken im Finanzsektor und Ihnen Hilfe und Orientierung geben, wie Sie künftig bestimmte Beratungsfallen umgehen können. Sollte es diese Ex-Banker geben, wäre es schön, wenn sie mit mir Kontakt aufnähmen. Aber so einfach ist dieses Engagement ja leider nicht. Auch ich möchte nur fast alles sagen und hatte noch lange nach meiner Bankerzeit Angst. Angst vor Repressalien und vor der Möglichkeit, mich persönlich und finanziell zu ruinieren. Der psychische Druck und der vorauseilende Gehorsam wirkten noch weiter. Ich habe mich regelrecht in ein Schneckenhaus zurückgezogen. Die Reaktion meiner ehemaligen Bank auf meine Bücher war nicht sehr freundlich, etwas anderes war auch kaum zu erwarten. Mein ehemaliger Arbeitgeber hat regelmäßig durch mehrere Personen kontrolliert, ob ich mich an die mit ihm getroffene Vereinbarung gehalten habe. Deshalb war ich grundsätzlich bei einer »Bank ohne Namen« beschäftigt. Ich bedaure es, dass auch andere Leute unter den Konsequenzen meines öffentlich gemachten Bankwegganges zu leiden hatten. Mir geht es weder um die Abschaffung der Banken noch darum, anderen Schaden zuzufügen, sonst hätte ich mich von Anfang an anders verhalten. Es ist einfach an der Zeit, gegen die verkrusteten Strukturen in der Bankberatung vorzugehen und eine Verbesserung der Kundenposition im beiderseitigen Interesse zu erreichen.

Ich konnte gleichermaßen nach meiner Bankzeit manche Nacht nicht schlafen, aber nicht wegen schlecht beratener Kunden oder den Gedanken an die Abrechnung von Produktabsatzzielen, sondern wegen meiner ehemaligen Kollegen. Das hat mich oft stark belastet. Es hat mir zu schaffen gemacht, dass ich für etliche Berater in- und außerhalb der Bank die »Verräterin« war. Außerdem kann ich ja immer nur pauschalisieren, nur auf die schlechte Beratung hinweisen, wenn ich mein Anliegen deutlich machen will. So habe ich ganz bestimmt auch einigen guten Beratern unrecht getan. Der Kontakt zu meinen Kolleginnen, mit denen ich immerhin mehr als 15 Jahre alle Höhen und Tiefen miterlebt habe, riss fast vollständig ab, sicher auch aus Zeitgründen. Am Anfang habe ich wirklich geglaubt, dass man mit vereinten Kräften etwas erreichen kann. Ich wollte einen kleinen Beitrag dazu leisten, dass die Vertriebsvorgaben eines Tages ganz abgeschafft würden, dann wäre nicht nur eine fairere Beratung möglich, sondern auch den Bankern geholfen.

Nicht nur, dass ich meinen geliebten Beruf an den Nagel hängen musste, nein, ich konnte nicht mehr in meine ehemalige Bankfiliale gehen. Aber was hatte ich denn erwartet? Damals, als ich wegging, war mir klar, dass ich nie wieder Bankerin sein würde. Das hat unwahrscheinlich wehgetan.

Natürlich habe ich mir ebenso gedacht, wie viele Kunden werden sich jetzt wohl die Frage stellen: Hat sie mich bei der Beratung etwa auch belogen?

Ich habe es mir nie leicht mit meinen Aussagen gemacht und oftmals dabei an andere gedacht. Die Skrupel, ob das alles richtig ist, was ich tue, habe ich einzig und allein deshalb gehabt, weil es auch schöne Zeiten in der Bank gab. Viele Jahre ist es mir dort gut gegangen, ich bekam eine fundierte Ausbildung und bin jahrelang in dieses Vertriebskonzept integriert gewesen. Die Meinung meiner Vorgesetzten war immer, Kunden und auch Mitarbeiter müssten zu ihrem »finanziellen Glück« gezwungen werden. Irgendwann wollte ich aber nicht nur dauernd im Kollegenkreis jammern und klagen, wie schlimm das alles mit dem Vertrieb und den Kundeninteressen ist. Denn: Wie soll sich etwas ändern, wenn sich keiner dagegen wehrt? Aus heutiger Sicht habe ich aufgrund der wachsenden Unzufriedenheit viel zu lange gezögert, meinen Job aufzugeben. Das ist das einzige, was ich an dieser Entscheidung bedauere.

Eigentlich müsste das Thema »Schlechte Bankberatung« längst erledigt sein, soviel wurde darüber täglich in den Medien berichtet, so viele Verbesserungsvorschläge wurden von der Regierung angekündigt. Eine verbraucherorientierte Bankenaufsicht sollte geschaffen werden, passiert ist in dieser Richtung bis Ende 2010 überhaupt nichts. Stattdessen wurde ein Aktionismus entfaltet, die Sparer und Kleinanleger mittels Protokollen, Beipackzetteln, Informationsblättern und Appellen vor den Vertriebspraktiken inner- und außerhalb der Banken zu schützen. Dem verbalen Bekenntnis, die Honorarberatung besonders zu fördern, folgten keine praktischen Schritte. Am Ende ist so gut wie alles im Sande verlaufen und die Menschen sind zur Tagesordnung übergegangen. Den Leuten wird es irgendwann zuviel, sie können das Thema nicht mehr hören. Und unter dem Strich hat sich wieder nichts geändert, weil die Politik auf immer neue finanzielle Brandherde reagieren muss und die Banken ganz genau wissen, dass alle anderen von ihren Geld- und Kreditentscheidungen abhängig sind.

»Wer vor seiner Vergangenheit flieht, verliert immer das Rennen.«

José Ortega y Gasset

3. Meine Beziehung zum großen Geld

Wie man mit 27 Bankdirektorin werden kann

Betrachte ich jedoch mein eigenes Leben, dann habe auch ich in mancher Beziehung leider nichts gelernt. Ich reagiere wie viele Anleger immer mit dem gleichen Verhaltensmuster auf für mich belastende Situationen und wollte doch dieses Mal alles anders und viel besser machen. Ich habe nämlich 2007 nicht zum ersten Mal freiwillig eine Bank verlassen. Aufgrund meiner Erfahrungen wusste ich deshalb, als ich aus der Bank ausschied, dass die Welt für mich nicht zusammenbrechen würde. Meinen persönlichen Weltuntergang hatte ich längst hinter mir. Zu diesen Zeiten damals war es gewiss nicht nur für mich ein so gewaltiger Umbruch, dass ich fast daran zerbrochen wäre. Selbst das Eintauchen in die Erinnerung tut heute noch manchmal weh. Das Erlebte hat mich aber auch stark gemacht, stark für jede Herausforderung, die noch kommen mag. Wer weiß, wie mein Weg verlaufen wäre, hätte es diese Erlebnisse und Ereignisse in der Bank vor und um die Wendezeit nicht gegeben. Diese haben mich geprägt und ihre Spuren in meinen Einstellungen und all meinen Entscheidungen hinterlassen.

Die Wurzeln für meine Einstellung liegen also in einer anderen Zeit. Als ich den Bankerberuf lernte, ging es um ganz andere Dinge, zu sozialistischen Zeiten war der Beruf alles andere als angesehen und begehrt. Es drängt mich, davon zu erzählen, weil ich glaube, dass ich nicht die einzige bin, die derartiges erlebt hat.

Vor kurzem lauschte ich in der Straßenbahn einem Gespräch zwischen zwei älteren Damen, welches mich sofort elektrisierte. Ich hörte einige Gesprächsfetzen und die Sätze: »Hier war ich jeden Tag, das ist der ehemalige Eingang der Staatsbank. Ach, war das damals eine schöne Arbeit, so erfüllend und man war gefordert. Ich hätte sie gerne noch weiter gemacht. Einige durften oder mussten in die Kreisfiliale wechseln, ich nicht, obwohl ich damals mit Abstand die jüngste in der Bezirksdirektion war.« Ihre Begleiterin sagte: »Ja, der Neffe von meiner Schwester, der war auch bei der Staatsbank. Die Deutsche Bank hat damals gleich Listen mitgebracht, wen sie übernehmen wollen und wen nicht.« Leider stiegen die beiden gleich danach aus. Ich kannte die Damen nicht. Aber ihre Worte hatten in mir etwas wach gerufen. Das war so lange in meinem Unterbewusstsein verbannt. Jetzt will ich diese Zeit nicht länger verschweigen. Ich muss mich endlich einmal damit auseinandersetzen, mit meiner Vergangenheit.

Die Vergangenheit ist unwiederbringlich vorbei, du kannst sie nicht mehr ändern und nicht zurückholen. Schau dich nicht um, es lohnt sich nie, du vergeudest nur Zeit damit, so heißt es sinngemäß in einem Schlagertext. Dem kann ich mich nicht anschließen. Wenn ich nicht zurück blicke und nicht weiß, woher ich komme, habe ich auch keine Zukunft und kann den Weg zu mir selbst nicht zu Ende gehen.

Wir leben in einer spannenden Zeit. Ich habe den Zusammenbruch und die Abschaffung eines Staates erlebt, die Eingliederung in ein neues Gesellschaftssystem, eine beispiellose Banken- und Wirtschaftskrise, eine Währungsunion und bisher drei verschiedene Währungen kennen gelernt. Ich habe die Einführung neuer Gesetze in der Finanz- und Geldpolitik sowie deren Auswirkungen praktisch hautnah miterlebt. Das große Geld habe ich sozusagen jeden Tag in der Hand gehabt. Aber es war nie mein eigenes, sondern immer das anderer Leute. Dabei hat mich das nie gestört. Geld war immer nur ein Stück Papier, das verteilt, bearbeitet, sortiert oder vermehrt werden sollte. Bis es mir eines Tages im wahrsten Sinne des Wortes zum Fehlen kam …
Aber der Reihe nach.

Wenn ich heute in der Landeshauptstadt nach Spuren der DDR im Alltag suche, muss ich lange schauen, um fündig zu werden. Hier und da gibt es noch Zeugen der Vergangenheit und in der Sprache haben sich Besonderheiten gehalten, aber ansonsten sieht alles aus wie überall in Deutschland. Nur die Alten können sich noch an die DDR erinnern und werden noch eine ganze Weile davon erzählen. Denn es war ein Großteil ihres Lebens, so wie es meine Jugend war.

Ich frage mich oft: Wieso sind die Leute so begeistert von dieser allumfassenden Freiheit? Wir sind doch nur vom Diktat der Partei und des Staates zum Diktat von Geld und Kapital gewechselt und 17 Millionen neue Konsumenten der kapitalistischen Wirtschaftsordnung geworden. Was ist denn so wunderbar daran, dass es jetzt im Februar Tulpen, Gladiolen, lila Rosen und blaue Nelken gibt? Die Tulpen, die ich vor zwei Tagen bekam, habe ich längst wieder entsorgen müssen, weil sie bereits nach einem Tag die Köpfe hängen ließen. Und es gibt immer und überall Erdbeeren, Tomaten und Melonen, die es nur ganz selten in der DDR gab. Sie schmecken nach dem, was sie sind, entweder nach gar nichts oder nach Chemie und Konservierungsstoffen. Das soll gesund sein? Ich bin zweifellos nicht mehr eingesperrt. Ich kann jetzt vier Monate auf Teneriffa, drei Monate auf Mallorca und fünf Wochen in Kolumbien verbringen. Nur fehlt mir leider das nötige Kleingeld dazu, wie es mir auch unmöglich ist, immer auf dem neusten Handy-, Blackberry-, Notebook-, Netbook- und Flachbildschirmstand zu sein. Sowieso habe ich keinerlei Interesse daran, dass der ganze Bus erfährt, wo ich mich gerade befinde, denn die Leute, die um mich herum sitzen, wissen ja, wo ich bin. Mein Bus wird übrigens manchmal von einem meiner ehemaligen Kunden gelenkt. Herr Dr. M. macht das wirklich gut, er hat seit der Wende ein sehr feines Fahrgefühl für die Straße entwickelt. Was nützt es mir, wenn heute Strumpfhosen nur 0,99 Euro kosten, aber früher 14 Mark? Die heutigen halten im längsten Fall drei Tage, früher im Allgemeinen drei Jahre. Medien, Werbung, Shows – alles oberflächlich, nur auf Quote und Geld ausgerichtet. Opfer werden durch eine Talk – Show nach der anderen gezerrt nach dem Motto: Wenn sie schon so viel gelitten haben, dann wollen wir wenigstens noch etwas daran verdienen. Tausende von Marken, vorgegaukelte bunte Vielfalt, in Wahrheit wird der Markt von einigen wenigen Großkonzernen beherrscht. Heute schafft der Markt die Bedürfnisse, früher war es umgekehrt. Das macht sogar vor der Gesundheit nicht halt. Da werden Schreckensszenarien entworfen und Panik geschürt, um den Absatz von bestimmten Medikamenten und Impfstoffen anzukurbeln. Und alternative Gesundheitsexperten freuen sich, wenn Krankheitsursachen nicht offen gelegt werden, psychische Ursachen kann man immer noch diagnostizieren. Da werden sogar schlecht ausgebildete und selber kranke, nämlich blinde Hunde, als Helfer für Blinde zugeteilt, da diese Angebote am billigsten waren. Weil die ach so armen Sozialversicherungskassen unter solchem finanziellen Druck stehen.

Ich habe den Eindruck, heutzutage gibt es viel mehr Leute mit psychischen Problemen, Auffälligkeiten und Krankheiten als damals. Die Jagd nach mehr und schnellem Geld lässt weder Zeit noch Muße. Dank der ständig besser werdenden Technik bleibt keine Minute mehr, dem anderen einmal zuzuhören. Wir haben verlernt, aufeinander einzugehen und einander durch Verständnis, Nachsicht und Rücksichtnahme zu helfen. Es herrscht das Leistungsprinzip, das Gewinnstreben, das Geld. So werden Kapitalgewinne weniger besteuert als Arbeitseinkommen. Weil sich alles rechnen muss, ist für bloßes Zuhören keine Zeit mehr. Auch weil wir glauben, zu einem erfüllten Leben bräuchten wir noch mehr Informationen, Fähigkeiten, Erlebnisse und Eindrücke. Aber alles hat seine Grenzen. Wir Frauen wollen aussehen wie Cameron Diaz, Michelle Hunziker oder wenigstens wie Caroline Reiber, die nie zu altern scheint. Jung bleiben wollen alle. Die Fitnessstudios, Wellnesstempel und Volkshochschulen freut es. Jeder will einen Trick kennen, der den ultimativen Zeitgewinn verspricht. Siebzigjährige fahren Rollerblades, Sechzigjährige machen Weltreisen und Fünfzigjährige durchtanzen die Nächte, alles wegen der Gesunderhaltung und der Verbesserung der Vitalität. So kommt unser gesamter natürlicher Biorhythmus durcheinander und dann wundern wir uns, wenn wir uns krank fühlen. Macht das die Gesellschaft oder ist das bloß die Zeit? War ich früher wirklich mehr gegängelt? Ich frage mich, muss das heute alles sein? Warum ist niemand mit weniger Gewinn, weniger Geschwindigkeit, weniger Wachstum zufrieden? Da wird gesagt, der Mensch wäre eben so, er will sein Eigentum mehren. Das Wolfsgesetz herrscht, jeder ist egoistisch und will mehr für sich herausholen. Stimmt das? Wie soll da die Gesellschaft oder die Familie funktionieren? Vielen Leuten scheint das allerdings keine Sorgen zu machen, sie drehen sich nur im Kreise mit ihrem neuesten VW Golf oder wie Germany Next Topmodels, mit dem Ziel, Geld und Ruhm zu erwerben. Wenn einer jemandem anderen uneigennützig hilft, dann wird er heutzutage schon als Held gefeiert. Vorausgesetzt, er hat irgendwie den Weg in die Medien gefunden. In den Medien wird auch viel erzählt über die ehemaligen DDR-Bürger und ihr Leben. Werden Westdeutsche von Fernsehsendern befragt, woran man heute noch einen Ostdeutschen erkennt, kommt oft prompt die Antwort: An der Kleidung!

Ich würde mich auch gern in edle, hochwertige Stoffe und hochmodische Gewänder kleiden. Jedoch, das liebe Geld …, es findet einfach nicht den Weg zu mir. So muss ich schauen, wo es etwas Billiges gibt, dem man das nicht schon von weitem ansieht. Das war aber nicht immer so, beispielsweise in meinem ersten Leben, in der DDR. War ich dort ein anderer Mensch? Habe ich damals viel schlechter oder viel besser gelebt als heute? Nein, weder noch, nur anders. Alles, was damit zusammenhing, habe ich größtenteils vergessen und verdrängt, meine persönlichen Siege, meine Niederlagen, wie der Alltag lief. Die Erinnerung verklärt alles und tilgt das Unangenehme. Authentisches kann ich leider kaum noch etwas nachlesen, weil fast alle meine Briefe aus Gründen der »Vergangenheitsbewältigung« gleich nach der Wende vernichtet worden sind. Das ist schade, trägt doch das Gedächtnis und weist inzwischen so viele Lücken auf. In einem Brief meiner Freundin an mich habe ich gelesen, dass ich Ende 1989 einen persönlichen Brief an Horst Kaminsky, den damaligen Staatsbankpräsidenten, geschrieben habe. Aber meine Erinnerung gibt dazu nichts her, welchen Inhalt dieser Brief hatte und was ich damit erreichen wollte. Also kann es nichts Bedeutendes gewesen sein. Ich vermute, so wird es mit vielen Ereignissen und Vorgängen sein und bald wird keiner mehr wissen, wie damals tatsächlich was vor sich ging. Übrig bleiben nur SED und Stasi, wie uns jeden Tag im Fernsehen zur Genüge vorgeführt wird.

Ich habe versucht, mit all meinen Kräften nach vorn zu schauen, weil man angeblich damit mehr und Besseres schaffen kann. Und mich dabei in all dem Rummel ums Positiv – Denken selbst verloren. Ich versuche, die Bilder im Kopf zu ordnen und kann das Verdrängte nur schwer zusammensetzen. Ich höre und sehe auf allen Kanälen, wie schlecht es mir ging, weil die Erinnerung mit einer Lebensphase zusammenhängt, für die ich mich schämen soll. Aber dummerweise bin ich froh und stolz, dass ich diese sozialistische Gesellschaftsordnung erleben durfte. Ich habe dem Alt – Bundesbürger etwas voraus! Ich war an etwas völlig Neuem beteiligt, einem Experiment, das ursprünglich zu etwas Besserem führen sollte, aber leider mit untauglichen Mitteln realisiert wurde. Ich bin glücklich, beide Seiten erlebt zu haben. Darf man das sagen? Wenigstens fragen kann man ja mal, wo doch in dieser Demokratie jeder alles sagen und machen kann, wonach ihm der Sinn steht, jedenfalls solange er nicht mit den Repräsentanten oder Institutionen der Macht, sprich des Geldes, in Konflikt gerät. Irgendwie kommt mir das bekannt vor, ich kenne das von irgendwoher …

Neulich las ich in der »FAZ« folgendes: »Wer heute 70 oder 75 Jahre alt ist und kein Vermögen auf der Seite hat, muss in seinem Leben, so hart das klingt, etwas falsch gemacht haben.« (14) Ich füge hinzu: oder in der DDR gelebt haben.

Ich möchte sie beschreiben, diese Zeit, obwohl ich weiß, dass es schwer für denjenigen nachzuvollziehen sein wird, der das nicht selbst miterlebt hat. Ich bin ein Kind der DDR. Zur Wendezeit war ich bereits 30 Jahre alt oder aber erst, je nachdem, wie man es sieht.

Aus heutiger Sicht war ich eine Mitarbeiterin des Staatsapparates, da ich in der Zentralbank der DDR beschäftigt war. Wie lebte es sich in meinem Beruf? Wie war das mit dem Bankensystem in der DDR? Gab es verschiedene Banken und konnte man überall ein Konto unterhalten? Gab es überhaupt Zinsen? Ja, das weiß ich noch. Es gab Einheitszinsen von 3,25 Prozent und alle DDR-Bürger konnten ihr Privatkonto bis auf wenige Ausnahmen, Beschäftigte der Reichsbahn oder der Post beispielsweise, nur bei der Sparkasse führen. Auch wir Mitarbeiter der Staatsbank durften unsere Konten bei unserer eigenen Bank führen. Eine Kreisfiliale der Staatsbank der DDR hatte damals die Aufgabe, die Kreditversorgung der VEBs und der restlichen privaten Wirtschaft zu übernehmen, die Geldversorgung der Betriebe und der anderen Banken sicherzustellen und die Bevölkerung in begrenztem Rahmen mit ausländischen Zahlungsmitteln zu versorgen. Wir führten keine Konten für die DDR – Bevölkerung, sondern nur Konten für so genannte Devisenausländer. Jeden Sonnabend hatte einer unserer Mitarbeiter Dienst auf dem Polizeirevier, um den Zwangsumtausch für Bundesbürger durchzuführen. Manchmal übernahm ich diesen Dienst. Ich fand nichts Besonderes dabei, auch nicht, dass man sich ab und zu ein paar unfreundliche Worte von den West – Besuchern anhören musste. In unserer Staatsbankfiliale gab es neben der Kreditabteilung mit den für die Betriebe zuständigen Ökonomen noch die Kontoführung für die VEBs, staatlichen Einrichtungen und die eigenen Mitarbeiter, den Reisezahlungsverkehr, die Kasse und die Bargeldbearbeitung der Handelserlöse sowie die interne Rechnungsführung.

Es gab neben der Staatsbank als Zentral- und Geschäftsbank die Bank für Land- und Nahrungsgüterwirtschaft, die Genossenschaftskassen, die Bäuerliche Handelsgenossenschaft (BHG), die Deutsche Industrie- und Handelsbank AG, die Deutsche Handelsbank AG, Postscheckämter und andere kleine Spezialinstitute. Jede Institutsgruppe war für einen bestimmten Kundenkreis zuständig. Somit fiel jegliche Konkurrenz aus. Manche mögen das bedauern, aber wie einfach und übersichtlich war das Bankensystem, es fehlte nur der Wettbewerb. Mir wurde damit die Möglichkeit genommen, von Institut zu Institut zu hetzen oder zu wechseln, um in den Genuss des besten Zinssatzes zu kommen. Es wurde mir die Möglichkeit vorenthalten, mich mit Paragraphen, endlosen Protokollen und Fragebögen, smarten Bank- und Finanzberatern herumzuschlagen, um letzten Endes dann doch noch über den Tisch gezogen zu werden. Und meine Daten lagern heute nur bei anderen Institutionen als früher. Bedauere ich die zu DDR – Zeiten eingeschränkten Möglichkeiten?

Mitunter kommt es mir so vor, als hätten wir nur den Wettbewerb gewechselt: vom »Verdienten Aktivisten« zum »Diszipliniertesten Verbraucher«. Häufiger jedoch denke ich: Ich bin zwar heute noch der gleiche Mensch wie damals, aber in einem anderen Leben gelandet, auf einem anderen Planeten. Ich habe ein zweites Leben geschenkt bekommen, in dem ich für die Fehler, die ich im ersten Leben gemacht habe, büßen muss. Trotzdem gehören beide Leben zu mir. Es war mein Leben, ich habe kein anderes, manchmal falsch und manchmal richtig aus der Sicht der anderen. Aber immer so, wie ich es konnte, wie ich es für richtig hielt. Ich kann nur den Maßstab meiner Erfahrungen zugrunde legen, andere Leute mögen vieles anders empfunden oder Schlimmeres erlebt haben.

Ich habe gerne in der DDR gelebt und bin 1990 nahtlos in die Bundesrepublik übergegangen. Wenn ich in die Zeitung oder ins Fernsehen schaue, stimmt das aber gar nicht, denn demnach wohne ich im Beitrittsgebiet, bin also eine »Beigetretene«, obwohl ich das damals gar nicht wollte. In einem Brief aus Wendezeiten an meine Freundin las ich, dass ich »auch später noch DDR-Bürgerin sein will«. Ich bin dankbar, dass ich in der DDR aufgewachsen bin, dass ich diese Allgemeinbildung, von der ich heute noch zehre, genossen habe, dass mir diese ganze furchtbare, unsägliche Werbung in meinen jungen Jahren erspart blieb. Ich bin dankbar, ohne dieses belastende, schrille, laute Geschrei aufgewachsen zu sein, das einem sagt, was man wann wo wie tun könnte und zu besitzen sich zu wünschen hätte. Ich habe heute nur die Freiheit, dem Konsum zu gehorchen oder auszusteigen. Die Werbeindustrie ist zu einem gigantischen Monster gewachsen, in der man sehr viel Geld durch Selbstbetrug verdienen kann. Der größte Werbegag der Werbegurus ist es, den Unternehmen vorzugaukeln, die Konsumenten würden sich in ihrem Kaufverhalten nach Radio-, Fernseh- oder Internetwerbung richten. Für mich ist diese eher ein Kontraindikator beim Kaufen. Sicher, die Bekanntheit von Marken steigt – iPhone, iPad, iMac, iPod, iTunes – was davon brauche ich? Aber darüber haben sich andere schon genug den Kopf zerbrochen. Solange es einen großen Teil der Bevölkerung gibt, der von diesem System profitiert oder wenigstens ordentlich am Leben gehalten wird, wird es sicherlich noch etliche Jahrzehnte so weitergehen. Das Privateigentum verbunden mit der Selbstbezogenheit des Menschen garantiert den Erhalt dieser Gesellschaftsordnung. Scheinbar gibt es ja keine Ordnung in diesem System, keine allumfassende regulierende Hand. Oh doch, die gibt es und sie heißt: Geld. Die Menschen haben es zugelassen, dass das Geld alle ihre Entscheidungen beeinflusst, dass sich das Geld aus seiner dienenden Rolle entfernt hat und zum Götzen gemacht wurde. Der Finanzkreislauf hat sich verselbstständigt, die letzte Finanzkrise lässt grüßen. Warum sollte ich es bedauern, in der DDR gelebt zu haben? Ich habe, auch weil ich manches gar nicht kannte und nicht besonders reiselustig war, nichts vermisst. Mir ist zum Glück nichts an Leib und Leben passiert zur damaligen Zeit. Freilich lief dort einiges schief. Aber das Geld hatte aus unterschiedlichen Gründen – Volkseigentum, Planwirtschaft, Binnenwährung – nicht die Bedeutung, die es heute hat. Neid hat mir nie zu schaffen gemacht. Ich lebte deshalb ruhiger, sicherer und zufriedener als heute. Und dass, obwohl ich bereits mit 17 Jahren eine außerordentlich enge und abhängige Bindung mit dem »großen Geld« einging. Diese ergab sich per Zufall, wie alle großen, dauerhaften, aber nicht gewollten Beziehungen. Denn Banker zu werden, war nicht mein Lebenstraum. Die Beziehung zur Bank entstand gezwungenermaßen.

Der erste große Einschnitt in meinem Leben kam, als ich in der 7. Klasse lernte. Ich war eine gute Schülerin und für mich gab es keinen Zweifel, dass ich das Abitur machen würde, also die Erweiterte Oberschule besuche. Mein Vater war im Elternaktiv und kam eines Abends mit der Nachricht nach Hause, dass ich eben das nicht tun würde. Die lediglich zwei für unsere Klasse zur Verfügung stehenden Plätze waren vergeben. Einer ging an meine damalige beste Freundin (mit der ich immer alles gemeinsam machen wollte), weil sie zwei Einsen mehr als ich auf dem Zeugnis hatte, und der andere ging an einen Jungen, der zwar keine besonders guten Zensuren aufwies, aber gleich mit 13 (!) zusagte, später drei Jahre zur Armee zu gehen. Ich war also ein Opfer des Staates? Nein, so habe ich mich nie gefühlt. Ich habe damals die ganze Nacht durch geheult. Ich träumte davon, Journalistin oder Dolmetscherin zu werden, meine ganzen Zukunftsträume waren damit geplatzt. Auch wegen meinem Vater, der sich überhaupt nicht für meine Belange eingesetzt hatte, weil er viel zu schüchtern war und mir grausam seine Einstellung klar machte: »Ein Mädchen gehört in die Küche hinter den Kochtopf und nicht zum Studium! Ein Mädchen hat Pflichten. Und wenn Du studierst, dann liegst Du uns bloß so lange auf der Tasche. Das kommt nicht infrage!« Basta, was mein Vater sagte, war »Gesetz«, da gab es keine Diskussion. Das war Anfang der siebziger Jahre in der DDR! Ich aber schwor heimlich »Rache«, ich würde einen anderen Lebensweg gehen, als den, den mein Vater für mich vorgesehen hatte. Ich würde schon irgendwann Karriere machen und etwas Wichtiges zu schaffen. Mein Leben sollte auf beruflicher Ebene stattfinden. Das stand für mich bereits damals fest. Ich wusste außerdem schon, dass ich keine Kinder haben würde, denn mein Kind sollte nicht solchen seelischen Qualen ausgesetzt sein wie ich zu meiner Kinderzeit. Diese Gedanken habe ich jedoch niemals laut geäußert, da es damals üblich war, als Frau mit 20 verheiratet zu sein und mindestens ein Kind zu haben.

Am nächsten Morgen, als ich verheult zum Unterricht kam, war das schon Klassenthema und ein Mitschüler versuchte, mich mit den Worten zu trösten: »Ach, guck mal, da bist Du dann die Beste in der Klasse!« So kam es dann auch, ich machte meinen Schulabschluss mit »Auszeichnung«. Mit den sehr guten Zensuren erlebte ich dann mein zweites großes Fiasko. Ich war zwar die beste Schülerin der ganzen Schule, war aber auch die einzige, die im November noch keine Lehrstelle hatte. Überall wurde ich abgelehnt, als Buchhändlerin, beim Rat des Kreises, im Finanzamt und als Bürokauffrau, weil man entweder gute Bekannte vorzog oder weil mein Vater, der mich begleitete, auf die Frage: »Sind Sie in der Partei?« mit Nein antworten musste. Dabei wäre ich sehr gerne Buchhändlerin geworden, ohne eine richtige Vorstellung von diesem Beruf zu haben. Weil ich Bücher liebe und die Berufsschule sich in Leipzig befand, das war der Ort, der am weitesten weg von zu Hause lag.

Daraufhin ergriff meine Mutter die Initiative und begab sich in die örtliche Filiale der Staatsbank. Diese hatte zwar gar keine Lehrstelle ausgeschrieben, aber den Versuch wäre es wert, meinte sie. Sie schaffte es tatsächlich allein, den Filialdirektor davon zu überzeugen, dass er mit mir einen Glücksgriff getan hätte und dieser wiederum überzeugte die zuständigen Leute, dass er noch gut und gern einen Lehrling verkraften könnte. Denn es durfte in der DDR doch niemanden geben, der ohne Lehrstelle da stand! Als ich damals gemeinsam mit einem frisch von der Fachschule gekommenen Ökonomieabsolventen vor dem Gebäude der Bank ohne Schlüssel auf meinen ersten Lehrtag wartete, ahnte ich noch nicht, welch lange, spannende, abwechslungsreiche und widersprüchliche Beziehung zum »großen Geld« ich einmal führen würde.

Während unserer wunderschönen Lehrzeit kam eines Tages von unserem Klassenleiter die von mir schon lange ersehnte Frage, wer noch anschließend ein Studium absolvieren möchte. Von den 28 Lehrlingen wurden insgesamt 9, alles junge Frauen oder Mädchen, angenommen. Das war mein erster Triumph über meinen Vater, viele sollten noch folgen. Ich würde studieren, an der Fachschule für Finanzwirtschaft in Gotha, noch weiter weg von zu Hause, Gott sei Dank.

Vom Anfang der 80-er Jahre ist mir eine andere Episode in Erinnerung geblieben. Ich weiß noch, dass ich 1980 mit einer Studienkollegin die Prager Straße in Richtung Hauptbahnhof entlang ging. Dort lief an der Fassade ein Laufband in Leuchtschrift mit Nachrichten, auf dem die Streiks in Polen, die Aufstände auf der Werft in Gdansk vermeldet wurden. Ich sagte damals zu ihr: »Ach, das ist nichts weiter. Das wird sich schnell erledigt haben, das sind nur ein paar Verrückte.« Welch ein Irrtum!

1981 war ich dann Finanzökonom, damals gab es generell nur die männliche Bezeichnung der Berufe. Die drei Jahre Direktstudium in Gotha gingen viel zu schnell vorbei und ich stand wieder vor der Tür meiner Staatsbankfiliale, diesmal war ich der Absolvent und träumte von einer glänzenden Zukunft. Aber erst einmal ging mein Berufsstart ziemlich holprig los. Ich wurde Kreditökonom für Handel, Wohnungs- und private Wirtschaft. Das hieß: für HO und Konsum, die staatlichen Wohnungsbaubetriebe und Wohnungsgenossenschaften und für die kleinen Büdchen (im wahrsten Sinne des Wortes), die sich entweder der Privatisierung 1972 in der DDR erfolgreich widersetzt hatten oder für die sich eine Privatisierung aus Altersgründen –sowohl des Betriebes als auch des Betriebsleiters- nicht mehr lohnte. Da konnte man als Anfänger nicht so viel Schaden anrichten. Die DDR – Betriebe waren verpflichtet, bei der Staatsbank Kredite aufzunehmen, damit man deren Planerfüllung kontrollieren konnte. Das hieß: jedes Jahr im Februar und März war bei uns die Hauptzeit der Bearbeitung der Kreditanträge. Heute würde man sagen, wir hatten

Stress. Mit jedem einzelnen Betrieb war ein Kreditgespräch zu führen. Da kamen der Betriebsdirektor, der Hauptbuchhalter, der Produktionsdirektor, bei einigen auch der Kaderleiter oder der Parteisekretär in die Bank zum Gespräch, je nachdem, wer Prokura für den Betrieb hatte und ihn nach außen hin vertreten durfte. Einige kleinere VEBs nahmen tatsächlich zwangsweise Umlaufmittelkredite auf, sie hätten sich selber getragen. Die meisten Betriebe aber waren auf unsere staatlichen Kredite angewiesen. Im Gegensatz zu den VEBs durften die Städte und Gemeinden ihre Konten nicht überziehen und Kredite nur für Rationalisierungsmaßnahmen oder Investitionen aufnehmen. Es gab für jeden Betrieb Vorgaben, wie hoch die Kreditgewährung sein durfte, die sich nach der Kreditinanspruchnahme und den Planzahlen des vergangenen Jahres, der Größe des Betriebes, der Branchen- und Kombinatszugehörigkeit sowie der Anzahl seiner Arbeitskräfte richtete. Investitionskredite wurden viel zu selten vergeben, in der DDR viel zu wenig investiert für eine gesunde wirtschaftliche Reproduktion. In vielen Fällen reichten die geplanten Finanzmittel nicht aus. Da wurde verhandelt, gestritten, gerechnet, getrickst und Summen zwischen den einzelnen Betrieben oder Betriebsteilen hin und her geschoben, solange, bis die Planzahlen passten. Manchmal gab es auch von oben, von der Zentrale her, Korrekturen, aber das war selten. Und die Betriebe hatten monatlich, vierteljährlich oder einmal im Jahr uns gegenüber alle möglichen Plan- Kennziffern abzurechnen. Dafür gab es Formblätter, die zu bestimmten Terminen eingereicht werden mussten, und die von einer Kollegin, die extra dafür zuständig war, in der Statistik zusammengefasst wurden. Was da alles zu melden war – Bestände an Material, Halbfertigprodukten, Endprodukten, die Umlaufgeschwindigkeit der Materialien und Waren, Pflichtenhefte, der Aufwand für Forschung und Entwicklung und, und, und. Es wurden endlose Analysen über den Nutzeffekt bestimmter Rationalisierungsmaßnahmen angefertigt. Wie der Arbeitsablauf bei der Kreditgewährung und in der Bank selber vor sich gehen sollte, war exakt in

Handbüchern geregelt, jeder kleine Arbeitsschritt war vorgeschrieben. Der Arbeitsablauf, die Verwendung der geplanten Investmittel und die genaue Abrechnung der baren und unbaren Zahlungsvorgänge wurden auf mehrfacher Ebene exakt kontrolliert. Es gab eine interne Kontrollabteilung, die Revision und die Kontrolleure der Bezirksdirektion. Die Revision prüfte anhand von Arbeitsanweisungen und den Handbüchern, ob tatsächlich eingehalten wurde, was man für den effektivsten Arbeitsablauf hielt. Bürokratischer ging es kaum. Ein Wahnsinn, wie viele Leute mit der Abrechnung von Kennziffern und Plan – Zahlen beschäftigt waren, ohne selbst einen materiellen Nutzen zu schaffen, das konnte nicht funktionieren. So sah ich das schon damals, nur leider habe ich nichts dagegen unternommen, ich hätte auch nicht gewusst, wie.

Nach dem Studium war ich stolz, als Kreditökonom eine, wenn auch kleine, Verantwortung übernehmen zu können. Gleich bei meinen ersten Objektkontrollen zeigte man mir dann meine Grenzen auf. Objektkontrollen hieß: in den Betrieb gehen und sich vor Ort vom ordnungsgemäßen Produktionsablauf und richtigen Ausweis der Bestände in der Bilanz zu überzeugen, damit die Kreditierung nicht ins Blaue hinein erfolgte. Es sollte geprüft und gezählt werden, ob die auf den Formblättern gemeldeten Material- oder Warenbestände tatsächlich vorhanden waren. Im Einzelhandelsgeschäft konnte ich das ja noch einigermaßen nachvollziehen, aber bereits kurze Zeit später erhielt ich größere VEBs (Gummiwerk, Kunststoffverarbeitung, Maschinenbaubetriebe u. ä.) zur Betreuung und Kreditgewährung, bei denen mein Verständnis und mein Vorstellungsvermögen nicht mehr ausreichten, um die dahinter stehenden industriellen Prozesse zu verstehen.

Edgar Most, damals einer der obersten Staatsbanker der DDR, zählte 2010 auf dem Börsentag in Dresden auf, welche Fehler heutzutage wirtschaftlich und finanztechnisch gemacht werden: »Heute werden Verluste finanziert, früher haben wir ja wenigstens noch reale materielle Güter finanziert.« Aber war das wirklich so? Mir war jedenfalls bewusst, wollte uns ein Hauptbuchhalter oder Produktionsleiter bestimmte Teile oder Waren in der Produktion sowie im Lager zeigen, konnte er das in jedem Fall tun. Ich kannte in der Praxis ja nicht mal (und ganz gewiss nicht nur ich) den Unterschied zwischen einem Maulschlüssel und einem Ringschlüssel.

Aber zurück zu meinem ersten eigenen Protokoll von einer Objektkontrolle aus einem Damenmodegeschäft des Konsums. Dieses Protokoll wurde bei einer Arbeitstagung in der Bezirksdirektion extra vorgelesen und ausgewertet. Zuerst glaubte ich, weil es so gut war. Nein, genau das Gegenteil war der Fall. Es war besonders schlecht, das merkte ich am hämischen Gelächter insbesondere der Vorgesetzten in der Bezirksdirektion. Ich hatte Begriffe verwechselt, unorthodoxe Formulierungen gewählt und auch noch teilweise die Bestände falsch multipliziert und addiert. Das war furchtbar peinlich für mich, so vor den versammelten langjährigen Kreditökonomen bloß gestellt zu werden. Obwohl mein Name nicht fiel, wussten alle, wer gemeint war. Das passierte mir kein zweites Mal und lange musste ich mich zum Glück nicht mit der Kontrolle dieses Sektors aufhalten.

Wir bekamen damals wie heute umfangreiche Schulungen und auch Vorgaben, wie sie in jeder Bank üblich sind, die ebenfalls jeden Monat verantwortlich abgerechnet werden mussten. Eine Kassiererin beispielsweise erhielt eine Zielvorgabe, wie viele Kassendifferenzen im Monat maximal vorkommen sollten. Auch gab es Sollvorgaben, wie viel Büromaterial im Jahr wir verbrauchen durften, welches von einer Mitarbeiterin ausgegeben und kontrolliert wurde. Obwohl alles streng limitiert war, brauchte kein Mitarbeiter sich einen Stift von zu Hause mitbringen, es war eher umgekehrt. Bei der Jahresplanung wurden immer ausreichend »Reserven« vorgesehen. In der Kreditabteilung betrafen die verbindlichen Vorgaben zum Beispiel die Reduzierung der Mehrbestände (gegenüber dem Plan) oder die Reduzierung des Aufwandes für Forschung und Entwicklung für bestimmte Waren. Wie sollte das bloß ein Kreditökonom beeinflussen? Die Abrechnungen waren streng termingebunden, bis zum 31.03. eines jeden Jahres mussten alle Kreditverträge mit der sozialistischen Wirtschaft abgeschlossen sein. Der Unterschied zu den Vorgaben und Kennziffern von heute war allerdings, dass bei Nichterfüllung keinerlei Konsequenzen drohten, außer dem erhobenen Zeigefinger oder einer Standpauke, je nachdem, wer gerade verantwortlich war. Aber niemand wurde deswegen persönlich angegriffen. Denn jeder wusste doch, dass sich die Zahlen auf dem Papier längst selbständig gemacht und den Bezug zur Realität verloren hatten. Daran krankte unter anderem die Wirtschaft des Sozialismus. Darüber hinaus fehlten ständig Leute in der Bank. Es gab eine hohe Fluktuation, hohen Krankenstand, viele Geburten und unbesetzte Planstellen. Wer einmal diese Erfahrungen gemacht hat, dem kommt in der heutigen Zeit manches schon seltsam vertraut vor.

Meine berufliche Karriere ging indes steil voran, auch ohne dass ich in der Partei gewesen war. Bereits nach einem halben Jahr Berufspraxis wurde ich Abteilungsleiterin. Zu verdanken hatte ich das allerdings dem Zufall und nicht überragenden Leistungen. Der Abteilungsleiter Ökonomie (AL 1), das war die Kreditabteilung, stand kurz vor dem Rentenalter und hatte keine Lust mehr, sich in seinen letzten zwei Arbeitsjahren noch groß zu engagieren, also wurde ein Nachfolger gesucht. Die erfahrenen, älteren Mitarbeiter verspürten keinen Drang, sich enger in das System einbinden zu lassen und verfügten auch nicht über die entsprechenden Studienabschlüsse. Also verblieb ich, ich war jung und ehrgeizig. Als man mich fragte, fühlte ich mich geschmeichelt und dachte wieder an meinen Vater. Heute muss ich sagen, hätte ich damals nur nein gesagt. Nicht nur wegen Staat und Partei und was dann alles an Unangenehmem noch auf mich zukommen sollte, nein: Ich habe mich selbst um ein Stück Jugend betrogen. Ich kann jedem nur raten, der im Durchschnitt 20 Jahre jünger als seine Mitarbeiter ist, die Finger von Führung zu lassen und erst einmal Lebenserfahrung zu sammeln, bevor er eine Leitungsfunktion übernimmt. Das wusste ich freilich damals nicht. Ich ging mit Elan und guten Vorsätzen an die Aufgabe. Ich war mit 23 schlichtweg überfordert, arbeitete mich aber im Laufe der Zeit gut ein. Einmal wollte man mich schon ablösen lassen, weil ich ja ohnehin bald ausfallen würde, und mich durch den jungen Studienabsolventen ersetzen, der damals an meinem ersten Lehrtag mit vor der Bank gewartet hatte. Aber dieser hatte die Verantwortlichen nur an der Nase herumgeführt, um ein höheres Gehalt zu erhalten, und kam nicht zur Bank zurück. Die Gehälter für Bankmitarbeiter in der DDR waren nämlich im Vergleich zu anderen Branchen sehr niedrig, etwas mehr konnte man nur in einer Leitungsfunktion verdienen. Das einzige Privileg, was wir als Staatsbanker hatten, waren die von unserer Bank emittierten Gedenkmünzen, die wir entweder als Anerkennung für gute Arbeit erhielten oder gegen Bezahlung vorrangig erwerben konnten. Hätten wir gewusst, wie wertvoll diese zum Teil einmal sein würden, hätten wir diese Möglichkeit bestimmt viel mehr genutzt. So aber sammelten nur wenige Kollegen die Münzen, für die meisten war das damals wie heute »totes Kapital«, das nur in irgendeinem Schrankfach oder einer Vitrine herum lag.

Zu den Merkwürdigkeiten des damaligen Lebens, über die ich heute nur noch den Kopf schütteln kann, gehörte es zum Beispiel, dass etliche der älteren Staatsbankmitarbeiterinnen im Dienst den ganzen Tag Kittelschürzen trugen! Die betreffenden Kolleginnen begründeten ihr Schürzetragen damit, dass das Geld so schmutzig und schmuddelig war, was sie bearbeiten mussten. Wir jüngeren fanden das schon damals etwas seltsam. Die Staatsbank war die Zentralbank der DDR und hatte demzufolge das alleinige Recht, Noten und Münzen auszugeben!

Nun war es durchaus nicht so, dass in unserem Umfeld gar keine Kriminalität vorhanden war. Das Reagieren auf Banküberfälle wurde regelmäßig unter realitätsnahen Bedingungen geübt, zum Glück habe ich aber niemals einen erleben müssen. Im Reisezahlungsverkehr unterschlug Ende der 80-er Jahre eine Mitarbeiterin einer Kreisfiliale eine

hohe Summe an Devisen. Zur Abschreckung mussten alle Filialdirektoren an der damit verbundenen Gerichtsverhandlung teilnehmen,
damit sich so etwas nicht noch einmal wiederholen sollte. Ein ander-
mal hatte ein Ganove im Hausflur einer Filiale einen Wäschekorb
aufgestellt und an die Nachttresoranlage ein Schild »Defekt« gehängt.
Ein bisschen geschmunzelt haben wir schon, denn die Geschäfte haben
doch tatsächlich ihre Tageserlöse in den Wäschekorb eingeworfen.
Die Erlöse wurden natürlich nie wieder gesehen. Es gab selten solche
Vorfälle, die dafür umso besser im Gedächtnis blieben.

Mit 26 Jahren, heute ja nichts Ungewöhnliches, entschloss ich mich,
noch einmal zu studieren. Damals war es das, ich war eine der ältesten
Studentinnen. Mit mir fing eine junge Kollegin aus der Kreditabteilung an, sie war 19. Wir absolvierten neben der Arbeit sechs Jahre
Fernstudium an der Humboldt – Universität zu Berlin. Ich wollte
unbedingt doch noch zu meinem ersehnten Ziel eines Hochschul-
abschlusses kommen und meine Grenzen ausloten. Das Studium in
Berlin hatte den Vorteil, dass ich ab und an einmal in Berlin einkaufen
gehen und mir einige Dinge besorgen konnte, die es bei uns zu Hause
nicht oder nur selten gab. Nach ein paar Wochen hatte ich von der
Nebenher – Studiererei jedoch so die Nase voll, dass ich am liebsten
wieder aufgehört hätte. Der Beruf forderte mich und das Studium
nebenbei, das würde ich nie auf die Reihe kriegen. Meine damalige
unmittelbare Vorgesetzte, die Filialdirektorin, überredete mich mit
einem Vorschlag: » Halte bis Weihnachten durch. Wenn Du später
immer noch den Wunsch hast, alles hinzuwerfen, dann höre auf!«
Ich hielt bis Weihnachten durch und der Wunsch zum Aufhören war
wirklich weg, ich hatte mich an die Anforderungen gewöhnt. Wieder
spielte der Zufall in meinem Berufsleben eine große Rolle. Besagte
Filialdirektorin, sie war damals Mitte vierzig, verspürte plötzlich den
Drang zu einer Veränderung in ihrem Leben. Sie wollte wohl noch
einmal in ihrem Leben etwas Großes anpacken und ihren Reisehori-

zont erweitern. Sie hatte sich für einen vierjährigen Auslandsaufenthalt gemeldet: Entwicklungshilfe in Laos leisten, ein funktionierendes Bankensystem mit aufbauen helfen, aus heutiger Sicht eine reizvolle Aufgabe. 1987 verstanden das die meisten nicht. Das war die Chance für mich. Zunächst aber waren alle kopflos. Was sollte jetzt aus unserer Kreisfiliale werden?

Ich war als Abteilungsleiterin Ökonomie ihre Stellvertreterin. Aber ich war jung, unerfahren, studierte nebenbei und hatte die wichtigste Voraussetzung, die damals galt, gerade erst erfüllt. Ich war Ende 1986 doch noch in die SED eingetreten, nach jahrelangen Gesprächen, obwohl ich es ursprünglich niemals vorhatte und immer gesagt habe, das mache ich nicht. Jedes Vierteljahr musste ich zum »Kadergespräch« mit meinen Vorgesetzten und man fragte mich, wann ich denn den Aufnahmeantrag auszufüllen gedachte. Die Filialdirektorin und die Genossen aus der Bezirksdirektion sagten zu mir: »Wenn Du nicht für uns bist, dann bist Du gegen uns. Und wenn Du für uns bist, dann kannst Du das auch zeigen!« Ich dachte mir, sie haben Recht und mir war klar, dass ich ohne diesen Schritt beruflich in der Sackgasse landen würde. Das Wichtigste aus meiner Sicht war aber, dass ich tatsächlich voll und ganz hinter der Sache des Sozialismus stand und glaubte, dass Gorbatschow endlich ihre vorhandenen Fehler schrittweise beheben würde. Es war für mich auch überraschend, dass damals innerhalb der SED – Gremien sehr offen über die Missstände, beispielsweise über die teilweise katastrophale Versorgungslage unseres Kreises, gesprochen wurde. Das machte mir Hoffnung auf Veränderungen. Aber die ausgesprochene Kritik wurde niemals weiter getragen und blieb auf der unteren Ebene im abgeschlossenen Rahmen und damit gab es auch keine Verbesserungen. Die meisten Vorschläge hätten die Oberen sowieso nicht zur Kenntnis genommen oder sie wären undurchführbar gewesen. Ich war damals mehr als blauäugig und so willigte ich eines Tages in den Parteieintritt ein.

Der Bezirksdirektor und andere leitende Kader der Bezirksdirektion zerbrachen sich derweil den Kopf, wie das mit der Leitung unserer Kreisfiliale weitergehen sollte. Sie war die kleinste Kreisfiliale im Bezirk, hatte aber rund 40 Angestellte! Kein Vergleich mit heutigen Bankfilialen und kein Wunder bei dem, was wir zu jener Zeit alles mit Hilfe von Addiermaschinen und per Hand bewältigt haben. So wurden beispielsweise die Kontonummern in die Scheckhefte von einer Kollegin per Hand eingestempelt, bevor es später Codiermaschinen gab. Wir hatten sehr spät und bescheiden zwar, aber immerhin seit 1987 (zuerst in der Bezirksdirektion, dann in den Kreisfilialen) Computertechnik und in Berlin gab es sogar die ersten Geldautomaten der DDR. Dass es in unserer Bank keine Telefone gegeben haben soll, ist reine Erfindung. Wir hatten selbst eine Telefonzentrale, von der aus der Anrufer zum gewünschten Gesprächspartner weitergeleitet wurde.

An einem Tag dieses Jahres wurde ich zur SED – Kreisleitung bestellt. Der Erste Sekretär und der Bezirksdirektor machten mir klar, dass sie mir die Aufgabe einer Filialdirektorin der Staatsbank zwar nicht zutrauten, ihnen aber keine andere Wahl blieb, als mich zu berufen. Ich wurde »auf Bewährung« ernannt und musste deshalb die Bezeichnung amtierende Filialdirektorin führen und mir darüber im Klaren sein, dass ich in spätestens vier Jahren einen anderen Posten übernehmen musste. Damals war ich 27 Jahre alt. Ich sagte natürlich zu, wer weiß, was in vier Jahren alles passieren konnte. Ich hatte ja keine Ahnung, was tatsächlich folgen sollte. Ein bisschen mulmig war mir schon zumute, die Verantwortung war riesig, aber mit der Unbekümmertheit der Jugend ging das schon. Es wurde nun noch stressiger als die Jahre zuvor. Während andere junge Leute ihren Spaß hatten, saß ich auf Sitzungen, Konferenzen, Tagungen, Parteiversammlungen und Seminaren. Dafür bekam ich ein Arbeitszimmer mit Vorzimmer samt Sekretärin und wenn ich in die Bezirkshauptstadt wollte, wurde ich gefahren. Als ich meinen Vater eines Tages fragte (meine geliebte Mutter starb leider 1988 an Krebs), ob er denn nicht stolz auf das von mir Erreichte sei, antwortete er: »Ach was, Du bist doch bloß amtierend, auf Dich hört doch sowieso niemand.« Aber die Welt ging in unserer Staatsbank – Filiale nicht unter und so kam das Jahr 1989 heran.

Es begann damit, dass ich für meine erfolgreiche »Bewährung« mit der Medaille für hervorragende Leistungen im Finanzwesen der DDR ausgezeichnet wurde, die insgesamt in den ganzen Jahren nur 750mal verliehen wurde. Der Festakt fand im Goldenen Rathaus statt. Es war grotesk, ich kam mir völlig deplaziert vor. Um mich herum waren alles verdienstvolle Direktoren, Hauptbuchhalter, Mitarbeiter des öffentlichen Dienstes, der Finanzrevision und anderer Institutionen. Für fast alle bildete die Auszeichnung den krönenden Abschluss ihres Berufslebens. Sie standen kurz vor der Rente, wurden für ihre Verdienste geehrt. Und dazwischen ich. Nein, angenehm war mir das nicht, es war mir eher peinlich. Aber ich weiß noch heute, was ich anhatte – eine weiße Bluse mit goldenen Streifen und Schlipskragen, also muss es mir doch etwas bedeutet haben. Aber es war nicht das erste Mal, dass ich auffiel. Man glaubte immer, dass ich zu den Direktoren gar nicht dazu gehöre. Einmal fanden in der Bezirksdirektion zwei Arbeitstagungen zur gleichen Zeit in angrenzenden Räumen statt. Eine Mitarbeiterin aus der Bezirksdirektion kam zu mir und sagte, dass ich mich wohl geirrt hätte und im falschen Raum säße, hier tagten die Direktoren, der Reisezahlungsverkehr sei nebenan. Ich will nicht verhehlen, dass es sehr schmeichelhaft für mich war, sagen zu können, dass ich hier richtig sei.

In meiner Eigenschaft als Filialdirektorin kam ich natürlich auch mit der Stasi in Berührung, wenn eine Mitarbeiterin den Antrag auf eine Besuchsreise in die BRD gestellt hatte. Glücklicherweise kam das nicht sehr oft vor. Ich wurde nach meiner Einschätzung gefragt, ob man denn das »verantworten« könne, wie ich ihre Rückkehrwilligkeit einschätze. Mir war die Brisanz dieser Befragungen – teils von Polizisten in Uniform, teils von Beamten in Zivil – wirklich nicht bewusst oder besser, ich wollte es nicht wissen. 1988 passierte aus heutiger Sicht etwas Unglaubliches, aber es war so. Ein ziviler Stasi – Mann verabschiedete sich gerade nach einem solchen Gespräch und fragte, bereits mit der Türklinke in der Hand, im Gehen: »Wollen Sie nicht mit uns zusammen arbeiten? Das wäre doch eine Überlegung wert.« Aber er hatte es irgendwie eilig und ich rief ihm hinterher: »Ja, ja, vielleicht, mal sehen.« Zu meinem großen Glück habe ich diesen Menschen nie wieder gesehen. Zu verdanken hatte ich das höchstwahrscheinlich meiner Jugend und Unbedarftheit sowie den substanzlosen Belobigungen meiner Mitarbeiter in diesen Fällen. Das hat mich glücklicherweise vor Schlimmerem bewahrt. Diese Gewissenskonflikte wären für mich garantiert unbeherrschbar gewesen. Anderen Menschen bewusst zu schaden, indem ich sie beobachte, das hätte ich wahrscheinlich nicht ertragen. Ich bin froh, darauf keine endgültige Antwort mehr geben zu müssen. Ich hatte auch diverse Funktionen in gesellschaftlichen Organisationen, war FDJ-Kassiererin und stellvertretende DSF-Vorsitzende und zeitweise sogar Parteisekretärin auf der Bank. Heute kann ich darüber nur den Kopf schütteln, ich konnte wohl nicht nein sagen. Immer, wenn man mich fragte, übernahm ich das Amt und die anderen waren froh, dass der Kelch an ihnen vorüber ging. Für mich war es auch eine Möglichkeit, zu lernen und Neues zu erfahren.

An die Ereignisse des Jahres 1989 erinnere ich mich nicht mehr so gut, wohl, weil zu vieles auf uns einstürzte. Jedoch dieses Gefühl von Angst, diese Unsicherheit und Ungewissheit – das »Nicht-wissen-was-am-nächsten-Tag-kommt« – das ist noch da, wenn ich zurückdenke. Dagegen hat sich anderes regelrecht in meine Seele eingebrannt. Es wurde immer ungemütlicher im Lande, die Fluchtwelle musste auch ich zur Kenntnis nehmen. Ich war beunruhigt, aber ich verstand damals nichts. Als es im Oktober in Berlin den großen Fackelzug der FDJ gab, der lang und breit im Fernsehen übertragen wurde (Im DDR-Fernsehen, West-Fernsehen kannte ich wirklich nicht – Außer Raum

Dresden), war ich beruhigt. Es gab noch genügend Überzeugte, die den Sozialismus im Zweifelsfalle verteidigen würden, so dachte ich. Indessen wurde es immer schlimmer. Anfang Oktober rief man alle Filialdirektoren in die Bezirksdirektion. Die Grenzen zur CSSR sollten einen Tag später dicht gemacht werden und kein begrenzter Umtausch in tschechische Kronen mehr möglich sein. Wir sollten es den Mitarbeitern erklären und sie mit Argumenten gegen die zu erwartenden Proteste wappnen. Auf der Rückfahrt mussten wir am Bahnhof Bad Schandau vorbeifahren, dort war gerade ein Polizeieinsatz wegen der Tumulte um die Züge, die aus Prag kamen. Als ich das sah, wurde mir zum ersten Mal richtig angst. Ich verstand die Entscheidung zur Grenzschließung ebenfalls nicht und überlegte krampfhaft, wie ich denn so als »Vorbild« dienen und es in der Mitarbeiterbesprechung formulieren sollte.

Alle wissen ja, was dann kam. Mauerfall, Begrüßungsgeld, Jahreswechsel. 1989 war das einzige Jahr in meinem Leben, in dem ich keinen Weihnachtsbaum hatte. Ich fand keine Zeit, einen zu kaufen, obwohl die Bäume damals direkt neben unserer Bank verkauft wurden. Klingt übertrieben, jedoch es war ein trauriges Weihnachten für mich.

Ich kann die Leute nicht verstehen, die sich so supergenau an jeden einzelnen dieser Tage erinnern können. Was haben Sie am Tag des Mauerfalls gemacht? Ich weiß es nicht. Es gab nur Arbeit und Stress, Unsicherheit und Angst. Wie sollte es weiter gehen? Jeden Tag Nachrichten, die sich überschlugen, das Leben war auf der Überholspur, unmöglich für mich, sich an Einzelheiten heute noch zu erinnern. Und trotzdem gibt es Dinge, die haften geblieben sind, die sich ins Gedächtnis eingegraben haben, die heute immer wieder wie ein Film ablaufen.

Eine für mich persönlich sehr belastende Situation entstand, als ein kirchlich gebundener Mitarbeiter auf die Idee kam, über mich mit seinem Pfarrer zu sprechen. Es sei nun an der Zeit für mich, meine

Schuld an der Entwicklung einzugestehen und zurückzutreten, denn ich war ja ein so genanntes »staatstragendes Element«. Ich hatte jahrelang die sozialistischen Ideale vertreten. Jetzt müsste ich dafür bezahlen, am besten wäre es, man sperrte alle SED – Kader ein. Das sprach er offen während einer Arbeitsberatung an und ich vermute, obwohl sich nur einige ganz wenige positiv dazu äußerten, die schweigende Mehrheit meiner Mitarbeiter dachte damals ähnlich. Da es aber zu dem Zeitpunkt nur eine Alternative gab, nämlich, dass die frühere Filialleiterin, die aus Laos zurückgekommen war, wieder eingesetzt würde, entschieden sie sich dafür, mich zu unterstützen. Eines konnte man mir jedenfalls nicht vorwerfen, ich war ehrlich und habe nicht nur sozialistische Überzeugungen geheuchelt. So kam es, dass sogar eine Erklärung gegenüber der Bezirksdirektion abgegeben wurde, dass alle hinter mir stehen und keine Rückkehr der ehemaligen Leiterin gewünscht wurde. Das war damals in diesen Übergangszeiten möglich. Mich ließ das nicht unberührt, ich war nervlich ziemlich strapaziert zu jener Zeit, wie viele andere sicherlich auch. Mir die Frage persönlicher Schuld zu stellen, das hat mich innerlich bewegt. Aber ich sah keinen Sinn darin, denn ich bin mir keines Vergehens bewusst.

Das Begrüßungsgeld wollte ich mir nicht abholen, ich empfand das als Demütigung, so wie ein Almosen entgegen nehmen. Letztlich entschloss ich mich aber doch dazu, warum sollte ich es »denen da drüben« schenken? Zumal ich, bedingt durch das Studium, sowieso in Berlin war und so holte ich mir am 21.12.1989 doch noch meine ersten (!) hundert D-Mark, denn wir hatten keine Verwandten im Westen. Zuvor hatte ich lediglich einmal ein Zwei – DM – Stück besessen, welches mir eine Frau auf dem Leipziger Hauptbahnhof in die Hand gedrückt hatte, weil ich ihren Koffer aus dem Zug hob. Als ich damit dann in den Intershop »einkaufen« ging, kam ich mir so lächerlich und klein vor, weil ich erst einmal rechnen musste, was ich mir überhaupt dafür kaufen konnte. Ich kaufte mir damals eine Schokolade und eine

Suppe und war enttäuscht, dass ich mir nicht mehr leisten konnte. Es war entwürdigend.

In der Bank wurden wir zur Wendezeit praktisch »führungslos«, es kamen so gut wie keine Anweisungen aus der Bezirksdirektion mehr. Es gab keine Schulungen mehr, nur noch Zettel oder Telefonate, wie die Geldversorgung laufen sollte. Zum ersten Mal in meinem beruflichen Leben durfte und musste ich 1989/90 eigene Entscheidungen fällen. Das war zu jener Zeit sehr schwer, aber auch herrlich. Ich glaubte damals immer noch an einen Fortbestand der DDR. Von den hektischen Tagen des November 1989 bis Februar 1990 ist mir nichts Wesentliches in Erinnerung geblieben. Man hat irgendwie funktioniert. Nur eines sehe ich noch wie heute vor mir: Als nicht nur Rentner 15 DM Reisegeld tauschen konnten, bildeten sich vor den Staatsbankfilialen lange Schlangen, die gar nicht enden wollten. Auch als es schon längst dunkel und Feierabend war, stellten sich immer neue Leute an der Schlange an, keiner wollte weichen. Ich stellte mich an das Ende der Menschenkette und bat die Leute, sich nicht mehr anzustellen. Ich breitete meine Arme aus und flehte, die Leute möchten doch Mitleid mit unseren Mitarbeitern haben. Vergeblich. Ich wusste mir nicht mehr anders zu helfen, als die Polizei zu rufen und um Hilfe zu bitten. Sie schaffte es dann nach geraumer Zeit, dass wir die Tür zuschließen konnten. Wenn ich heute verrate, dass wir zu jener Zeit manchmal Geldtransporte mit Stoffbeuteln in öffentlichen Verkehrsmitteln durchgeführt haben, glaubt uns das sowieso niemand mehr. Und auch das Gefühl, zu sehen, wie unser gesamter großer Tresorraum vor DDR – Mark überquoll und wir anschließend nur noch einen Bruchteil dessen als Fläche für die Lagerung der neuen D-Mark brauchten, war kein besonderes. Das viele Geld war für uns alltäglich und das wir die Protagonisten, die Ausführenden dieses historischen Währungstausches waren, war mir zumindest damals überhaupt nicht richtig bewusst.

Als ich das erste Mal bei einer Bank kündigte

Die schönste Zeit meines Berufslebens war die Zeit, in der die Staatsbankfilialen zu Filialen der Deutschen Kreditbank AG wurden. So frei in meinen Entscheidungen war ich nie wieder. Aber diese Phase dauerte leider nur ein kurzes Vierteljahr. Edgar Most schrieb in seinem Buch »Fünfzig Jahre im Auftrag des Kapitals« über die 13.000 Mitarbeiterinnen und Mitarbeiter der Staatsbank der DDR. Warum ich ausgerechnet auf ihn gekommen bin? Er war der einzige, von den damaligen Staatsbank – Oberen, den ich in verschiedenen Tagungen gesehen hatte und der mir im Gedächtnis geblieben ist. Ich bin ihm zu DDR – Zeiten in Berlin begegnet und auch nach der Wende noch einmal. Das war im Juli 1990 auf einer Direktorentagung der zweitgrößten deutschen Privatbank im Taunus, wo Edgar Most als Deutsch – Banker ein letztes Mal geladen war, um die Auswirkungen der neuen Währungsbedingungen auf die Alt – Kredite zu erläutern. Ich erinnere mich noch genau, bevor Herr Most damals den Tagungssaal betrat, wurden wir aufgefordert, alle auf dem Tisch liegenden Berichte, Formulare und Aufzeichnungen zu entfernen und nichts vom Besprochenen zu verraten, weil er ja nun unser schärfster Konkurrent war! Im Taunus staunten wir übrigens nicht schlecht über die Ausstattung dieses Schulungskomplexes, der Seminarräume und dass jeder ein Einzelzimmer zugeteilt bekam, denn das kannten wir von unseren Schulungen nicht. Kein Wunder, jetzt war Individualität angesagt. Dabei war es doch immer so gemütlich, nach Seminaren die Zeit gemeinsam auf den Zimmern mit Klatsch und Tratsch oder ausgiebigen Feiern zu verbringen.

Ich war also eine jener von Edgar Most erwähnten 13.000 Staatsbankmitarbeiterinnen. Weder erinnere ich mich daran, dass ich gefragt wurde, ob ich in der Staatsbank verbleiben oder zur Deutschen Kreditbank (der ersten Privatbank der DDR, die später an die Bayern LB verkauft wurde) wechseln wolle, noch an eine Urabstimmung zur Bildung eines Joint – Ventures mit den großen Geschäftsbanken. Im Gegenteil: Eines Tages wurden einige Direktoren in die künftige Landeshauptstadt bestellt und uns wurde erklärt, dass wir ab Juli von der kleineren der beiden großen bundesdeutschen Privatbanken übernommen werden. Meine Stellvertreterin meldete sich und wollte wohl besonders schlau wirken, denn sie fragte, warum unsere Filiale nicht von der Deutschen Bank übernommen werden könne. Sie wäre nicht einverstanden mit der genannten Lösung. Ich weiß noch, wie alle peinlich berührt, mitleidig oder amüsiert lächelten und den Kopf schüttelten. Die Verantwortlichen der Bank meinten daraufhin: Wir sind eine genauso renommierte Bank wie die Deutsche Bank, nur etwas kleiner, aber wir holen auf und in ein paar Jahren sind wir genauso groß, bedeutend und einflussreich wie die Deutsche Bank. Man war damals sehr schadenfroh, dass die Commerzbank nur auf Container angewiesen war und bei der Aufteilung der Staatsbankfilialen der DDR leer ausging. Größenwahnsinn kommt immer vor dem Fall, 20 Jahre später verschwand diese Bank ganz aus der Bankenlandschaft und hörte auf, eigenständig zu existieren. Die Wahrheit damals war: Die Deutsche Bank hatte sich die Filetstücke, die größten und aussichtsreichsten Filialen der Staatsbank gesichert. Für die Bank, die auch etwas vom großen Kuchen abhaben wollte, blieben die kleinsten und unrentabelsten Filialen der Staatsbank übrig, außer in der Landeshauptstadt, wo sie aufgrund ihrer Geschichte eine Sonderstellung bekam. (Meine damalige Kreisfiliale wurde später in den 90-er Jahren tatsächlich geschlossen, weil sie sich nicht rechnete. Es blieb nur eine kleine Zweigstelle in der Nachbarstadt übrig.) So kam es, dass die 13.000 Mitarbeiter der Staatsbank der DDR in alle Winde verstreut wurden. Ein Teil blieb beim reinen Abwicklungsinstitut Deutsche Kreditbank AG, dem Vorläufer der heutigen DKB, ein Teil ging zur Deutschen Bundesbank oder zur Kreditanstalt für Wiederaufbau, andere blieben bei der Deutschen Bank und der Rest bei der Dresdner Bank. Die meisten Kollegen von damals sah ich bis heute nie wieder.

Rückblickend muss ich noch einmal sagen: Die drei Monate, die ich bei der Deutschen Kreditbank angestellt war, waren die mit Abstand schönsten in meiner ganzen Bankenlaufbahn. Niemand mischte sich in das Tagesgeschäft ein, niemand kontrollierte irgendetwas, niemand wollte eine Statistik oder eine Abrechnung von Vorgaben haben. Aber ich habe auch nie vorher und niemals wieder danach in meinem Leben so viel gearbeitet wie zu jener Zeit. Es gab fast nichts mehr außer Arbeit. Jeden Tag von früh sieben Uhr bis abends um 20 Uhr war ich da und das steigerte sich, je näher wir der Währungsunion kamen. Aber natürlich habe nicht nur ich viel gearbeitet, für alle Frauen und die wenigen Männer, die wir damals hatten, war es eine Zerreißprobe.

Im Mai 1990 ritten sie dann ein, die ersten Glücksritter aus der Bundesrepublik, die uns hilfreich unter die Arme greifen sollten. Kein Wunder, dass sie eine »Buschzulage« bekamen, hatte man sie doch in den östlichsten Winkel der Republik und nach ihren Vorstellungen in eine graue, triste, freudlose Wüste geschickt. Sie brachten eine regelrechte Prospektflut mit, die fortan die Gänge unserer Geschäftsräume für eine ganze Zeit verstopfen sollte. Mit den ersten hatten wir noch Glück, die kamen freiwillig für sechs Wochen und es waren Bayern. Die fassten ihre Tätigkeit eher als ein großes Amüsement und Abenteuer auf. Sie waren hoch erfreut, dass hier fast nur Frauen arbeiteten und so eine junge Frau die Chefin war. Sie nahmen alles sportlich und wollten in die Geschichte als diejenigen eingehen, die live und hautnah die Währungsunion bewerkstelligt hatten. Dabei waren sie am eigentlichen Tag des Geldumtausches gar nicht da, denn das war ein Sonntag. Und die wochenlangen Vorbereitungen für den Geldumtausch und die Kontenumstellung hatten sie auch nicht mitgemacht, denn das war ja, wie es fortan hieß, das »Altsystem« und sie lebten komplett im »Neusystem«. Das Alte hat sie nicht sonderlich interessiert, es war ja alles vorsintflutlich und würde abgeschafft werden. Nur eines veranlassten sie als erste Amtshandlung, das Schild:

Rauchen verboten, das in unserem Kassenraum hing, mussten wir sofort entfernen. Verbotsschilder, nein, wo gibt es denn so etwas, jetzt regiert die Freiheit! Die Holzbarrieren und die Kassentresen wurden ebenfalls bald danach entfernt, um einen weltoffenen Eindruck in der Bank hervorzurufen.

Als ehemalige Staatsbankdirektorin war ich verantwortlich für die ordnungsgemäße Vorbereitung des Tages X der Währungsunion und den hoffentlich reibungslosen Ablauf in unserem gesamten Kreisgebiet. Regelmäßig trafen sich deshalb die alten Direktoren der Sparkasse, der Post, der Bank für Land- und Nahrungsgüterwirtschaft und anderer ehemaliger DDR-Geldinstitute sowie der Abteilung Finanzen des Rates des Kreises mit mir, sofern sie noch im Amt waren. Was durchaus nicht selbstverständlich war, wie ich ja bereits festgestellt hatte. Besprochen wurden Organisation und Ablauf der Geldtransporte untereinander für die Erstausstattung der DDR – Bürger mit D – Mark. Es wurde der Bedarf an D – Mark eingeschätzt sowie der Stand der Erfassung der Kontenumstellungsanträge abgefragt und bei Rückständen gegenseitige unterstützende Maßnahmen festgelegt. Wir mussten die Sparkassen und den VEB Datenverarbeitung der Finanzorgane bei der Erfassung der Anträge zur Kontenumstellung unterstützen, denn diese hatten ja die gesamten Privatkontenanträge der DDR einzugeben. Jeder Bürger musste ein eigenes Konto haben, sonst war keine Umstellung zur D – Mark möglich. So kam es, dass wir wochenlang freiwillig Hunderte von Überstunden leisteten, während die »Bayern« immer pünktlich ihren Flieger am Donnerstagabend oder Freitagmittag erreichten. Am 30.06.1990 waren meine Mitarbeiter und ich von früh 6 Uhr bis nachts um 24 Uhr in der Bank, weil man uns gesagt hatte, dass bis dahin alle Kontenumstellungsanträge erfasst sein müssten, da sonst eine Umstellung nicht mehr möglich wäre. Weil das aber gar nicht überall zu schaffen war, wurde die Frist dann doch bis zum 06.07.90 verlängert. Wir waren alle völlig am Ende, aber wir waren uns sicher, an uns sollte die Währungsunion nicht scheitern. Ich nahm mir die Freiheit, am 01.07. einmal nicht die erste in der Bank zu sein und teilte mich erst zur zweiten Schicht ein. Ich war kein Mensch mehr und wollte mir den Anblick des ersten Ansturmes der auf die D-Mark Verrückten ersparen. So kam es dann auch, als ich zu Mittag meinen Dienst antrat, war der große Run schon vorbei, nachmittags ging es etwas geordneter zu. Ich weiß nicht, ob der Umtausch genauso gelaufen wäre, hätten die Leute damals schon geahnt, dass sie die D – Mark nicht einmal 12 Jahre in ihrem Portmonee haben würden.

Jedoch sollte die Arbeit erst danach richtig losgehen. Wie nett die Bayern gewesen waren, weil sie keinen anderen Auftrag hatten, als uns zu beaufsichtigen, merkten wir, als dann Mitte Juli Schwaben zu uns beordert wurden. Sie kamen für etwas länger und teilweise nicht feiwillig, das ließen sie uns auch spüren. »Hier sind ja nur Frauen in der Bank tätig«, war noch die geringste Verunsicherung, die sie angesichts unserer Struktur empfanden. Bei uns wurde ein älterer Herr als »Oberbanker« eingesetzt, der nur noch wenige Jahre bis zur Rente zu arbeiten hatte. Er sollte ein halbes Jahr bleiben, dann kam die Ablösung. Man munkelte etwas von Strafversetzung, ehrlich gesagt, so benahm er sich auch uns gegenüber. Er war jetzt der »Herr im Hause« und uns gegenüber weisungsberechtigt. Nach außen hin vertraten weiterhin offiziell zwei Ost – Direktorinnen die Bank. Das waren meine ehemalige Stellvertreterin, die Abteilungsleiterin Ökonomie, und ich, die Filialdirektorin. Nach westlichem Vorbild wurde eine Bankfiliale immer von zwei Direktoren geleitet, die unterschrifts- und weisungsberechtigt waren. Ich erhielt damals eine Kreditkompetenz über 200.000 D – Mark, herzlich wenig nach all den Millionen und Milliarden, die wir schon bewilligt und umverteilt hatten. Wir wurden gefragt, welches Gebiet wir zukünftig verantworten wollten: die Privat- oder die Firmenkunden. Mir war damals schon klar, dass die Firmenkunden das Prä haben würden und bedeutendere Entscheidungen erforderten, aber ich brachte es nicht übers Herz, mich von einem Tag zum anderen mit den gleichen Hauptbuchhaltern, Betriebsdirektoren und

Kaderleitern an einen Tisch zu setzen und plötzlich eine ganz andere Sprache zu sprechen. Vor ein paar Wochen hatten wir uns noch unterhalten über sozialistischen Wettbewerb, Abbau von Mehrbeständen und Absatzprobleme in das NSW. Und jetzt sollte ich von ihnen fordern, dass sie Arbeitskräfte abbauen, sich neue Märkte erschließen und nach wirtschaftlicher Effizienz abrechnen. Gerade noch waren die sozialistischen Produktionsgrundsätze und die Ziele des XI. Parteitages wichtiger als der Erlös, der mit den Produkten auf dem Weltmarkt erzielt wurde. Nein, das konnte ich nicht, dazu sah ich mich außerstande. So entschied ich mich für das Privatkundengeschäft, wohl wissend, dass wir gar keines hatten und dass dessen Bedeutung für die Erträge der Bank eher geringer ist. Wir bekamen danach recht schnell viele Privatkunden, die glaubten, bei einer großen Privatbank besser aufgehoben zu sein, als bei der ehemaligen »DDR – Sparkasse«. Ein West – Banker meinte damals viel sagend: »Die Sparkassen haben gegen uns überhaupt keine Chance, die hinken der ganzen Entwicklung immer mindestens 20 Jahre hinterher«. So kann man sich irren.

Aber die Herren brauchten uns ja, denn von unserem alten DDR – Zahlungsverkehrssystem verstanden sie nichts und sie waren auch nicht bereit, sich das anzusehen. Für eine Übergangszeit von einem Jahr liefen beide Zahlungssysteme parallel, um die technischen und personellen Voraussetzungen für den neuen unbaren Zahlungsverkehr zu schaffen. Über kurz oder lang würde unser System verschwinden und niemanden danach noch interessieren, das machten sie uns immer wieder klar. Nicht einmal ansatzweise wollten sie wissen, ob es vielleicht auch etwas gegeben hätte, was effektiv war, gut funktionierte und wert gewesen wäre, übernommen zu werden.

Als erstes bekam ich vom Stuttgarter zu hören: » Um Gottes willen, Sie können sich von Ihren Mitarbeitern, Ihren Untergegebenen, doch nicht duzen lassen. Das müssen Sie ändern!« Ich habe es nicht geändert, jahrelang standen wir auf der gleichen Stufe, jetzt sollte ich mich über die anderen erheben? Nein, mit dem Siezen, das sah ich nicht ein. Und ich war doch noch so jung und gleichzeitig zurückhaltend und nachdenklich, was natürlich für die Wessis ebenfalls ein Grund zum Aufregen war. Sie trauten mir aus diesem Grund auch wenig zu. So eine sollte eine Filiale leiten? Das ging über ihren Horizont. Nach einer Arbeitsberatung, an der sie teilgenommen hatten, meinte jener Mitarbeiter, der sich so verächtlich über die Sparkassen ausgesprochen hatte, zu mir: »Oh, das haben Sie aber gut gemacht. Das Sie so etwas zustande kriegen, hätte ich gar nicht gedacht.« Na klar: jung, weiblich, ruhig und auch noch ehemalige DDR – Bürgerin, was soll da schon dahinter stecken.

Als ich mit dem älteren Vorgesetzten eines Tages zu einer Tagung in die Landeshauptstadt fuhr, meinte er im Brustton der vollsten Überzeugung: » Nein, mit diesen SED-/ PDS- Leuten will ich gar nichts zu tun haben. Mit solchen Leuten rede ich kein Wort, die behandele ich wie Luft. Ich würde mich sonst nur unnötig echauffieren, das ist doch der Abschaum, diese ewig Gestrigen.« Da musste ich mich, trotz aller Angst, die damals jeden Tag mein Begleiter war, ganz schön zusammenreißen, um nicht laut los zu lachen. Er sprach gerade mit »so einer«. Im Gegensatz zu vielen anderen Menschen, insbesondere den Betriebsdirektoren, war ich nicht gleich nach der Wende aus der SED und ihrer Nachfolgepartei ausgetreten. Heute will ich es zugeben, ich war damals bei keiner einzigen Montagsdemo in meinem Ort dabei, weil ich das nicht als richtig empfand. Diese Demos fanden bei uns erst relativ spät statt. Im Januar 1990 passierte es, dass mir der Demonstrationszug mit den vielen Kerzen entgegen kam, als ich auf dem Weg zur Beitragszahlung in die Mitgliederversammlung der PDS war. Mir rutschte das Herz fast in die Hose, aber ich kam unbeschadet an den Leuten vorbei. Sie hatten mein Parteibuch nicht bemerkt. Ich war für die Sache des Sozialismus eingetreten und ich war zutiefst davon überzeugt, dass es im »richtigen« Sozialismus weit gerechter zugehen würde, als in dieser Gesellschaft, wo ich so plötzlich und unfreiwillig gelandet war. Da konnte ich doch nicht einfach so tun, als hätte ich nie etwas damit am Hut gehabt. Andere konnten das.

Ich engagierte mich weiter und verteilte Wahlwerbung für die PDS. 1990 wurde ich sogar in den ersten frei gewählten Kreistag gewählt, immer in der Angst, die vorgesetzten West – Herren könnten davon erfahren. Aber da sie vor dem Wochenende nicht schnell genug in den Flieger kommen konnten und auch sonst keine Kontakte zu den »Eingeborenen« pflegten, erfuhren sie nichts davon. Mir war aber klar, wenn ich weiter eine leitende Position in der Bank begleiten wollte, dann musste ich dieses politische Engagement aufgeben. Ein paar Monate später bin ich dann tatsächlich schweren Herzens aus dieser Partei ausgetreten, mit dem innerlichen Schwur, mich niemals mehr politisch vereinnahmen zu lassen und mich nie mehr parteilich zu binden. Alle Parteien predigen Wasser und trinken Wein, das war damals wie heute meine Erkenntnis. Vor meinem Austritt aber musste ich noch manche Bewährungsprobe bestehen. Die ersten Veränderungen waren an den Mitarbeitern gut zu beobachten. Es gab diejenigen, die voller Freude den ganzen Tag mit den West – Leuten um die Wette lachten und scherzten, diejenigen, die vor Angst und vorauseilendem Gehorsam immer schneller und betriebsamer wurden sowie jene, die schon mit Wut im Bauch zur Arbeit kamen, entweder nur polterten oder gänzlich verstummten. In mir fand sich von allem etwas. Der Sozialismus hatte also doch keine besseren Menschen hervorgebracht.

Ich musste noch mein Studium nebenbei zu Ende zu bringen und diese Tatsache war der Auslöser einer für mich relativ überraschenden Wendung. Ich wurde eines Tages in die Landeshauptstadt zum individuellen Gespräch gebeten, wie ich mir denn meine Zukunft in der Bank vorstelle und in welchem Maße ich mich künftig engagieren wolle. Natürlich zu 100 Prozent, was denn sonst. Aber 100 Prozent wären zu wenig, es wären mehr als 100 erforderlich und das Studium hindere mich daran, alle meine Kräfte für die Bank einzusetzen ... Das könne ich doch jetzt aufgeben, das Diplom wäre sowieso bald keinen Pfifferling mehr wert. Aber ich hatte schon fünfeinhalb Jahre harte Arbeit hinter mir, offen waren nur noch zwei Prüfungen und die

Diplom – Arbeit. Ich sagte dem Personalchef, dass ich dafür Urlaub nehmen und auf meine Freistellung zum Schreiben der Diplomarbeit verzichten würde. Irgendwie würde es nebenher schon gehen, jetzt hatte ich bereits so viel investiert. Ich widersprach also und sagte, dass ich das Studium auf jeden Fall zu Ende bringe. Meine Arbeit würde nicht darunter leiden, könne ich ihm versprechen. Das war der Tag, an dem ich aus dem Führungskräftereservoir der Bank gestrichen wurde. Das weiß ich heute, damals wusste ich es noch nicht. Aber ich merkte es bald. Die zwei Prüfungen bestand ich ohne Probleme. Dann nahm ich im November meinen gesamten Resturlaub für 1990 – drei Wochen – und wollte zu Hause in Ruhe meine Abschlussarbeit schreiben, sofern das in drei Wochen überhaupt möglich war, normalerweise hätte ich ein Vierteljahr Freistellung bekommen. Aber gleich in der ersten Woche erhielt ich einen Anruf aus der Bank, von meiner Vertreterin, der Abteilungsleiterin Zahlungsverkehr: »Du, wir haben die Revision im Haus und wir wissen nicht mehr weiter, Du musst kommen, wir brauchen Dich. Nur Du kannst das erklären.« Welch ein Zufall, dass gerade jetzt die Innenrevision erschien. Die Revision ist in jeder Bank sehr gefürchtet. Aber erst noch zu dieser Zeit! Wir wussten damals doch überhaupt nicht, wo es lang gehen sollte und welche Anforderungen im neuen Bankbetrieb galten. Es ging alles mehr oder weniger drunter und drüber, Hauptsache, der Geschäftsbetrieb lief einigermaßen. So wussten wir damals beispielsweise nicht, dass und warum die Bankkarten und PIN – Briefe getrennt aufbewahrt und verwaltet werden sollten. Die Revision kam so zu einem vernichtenden Urteil über unsere Filiale und ich war mehr in der Bank, als das ich zu Hause war. Ich habe es trotzdem geschafft, obwohl ich heute nicht mehr weiß, wie. Allerdings auch dank einer ehemaligen älteren Kollegin, die ich kurz zuvor sogar entlassen musste. Sie tippte mir meine Diplomarbeit zu Hause ab. Ich habe ihr das nie vergessen. Noch heute habe ich mein Diplom in der Tasche, auch wenn gesagt wurde, es sei nichts wert. Wenigstens an der Uni haben wir zu DDR- Zeiten viel über das kapitalistische Bankensystem gelernt, was mir oft zugute kam. Ich habe jedenfalls keinen Antrag gestellt, meinen Studienabschluss umwandeln und als Diplom – Kaufmann, dem er entspricht, anerkennen zu lassen. Aus jener Zeit und einer der zahlreichen nebenher angesetzten Schulungen stammt auch mein berühmter Ausspruch, über den ich heute nur noch lachen kann: »Schulungen zu Wertpapieren brauchen wir nicht, die sind nicht notwendig. Der DDR – Bürger kauft so etwas nicht! Er ist dazu viel zu vorsichtig und ängstlich.« Mein sicher nicht letzter gewaltiger Irrtum, Wertpapiere wurden später zu meinem Lieblingsfachgebiet. Bank- und Wirtschaftskrisen hatten wir zu jener Zeit wie vieles andere noch nie erlebt. Alles war so neu und ungewohnt, die Unsicherheit war jeden Tag greifbar. Wie so ein West – Banker tickt, das war uns völlig rätselhaft, wir waren doch alles einfache Leute. Je nach Charakter und persönlichen Voraussetzungen passte sich der eine schneller, der andere langsamer und mancher überhaupt nicht an die ungewohnten Verhältnisse an. Die ersten begannen, ihre Ellenbogen auszufahren. Zu jener Zeit luden mich die West – Banker fast jeden Wochentag abends nach Feierabend zum Essen in eine Gaststätte ein. Ich ging mit, man wollte ja nicht unhöflich sein. Aber nach 10 Stunden Arbeit und der Dauerüberstundenbelastung seit der Wende sowie dem Studium war ich manches Mal abends gar nicht mehr in der Lage, einen klaren Gedanken zu fassen. Und die West – Banker schnitten mit Vorliebe komplizierte Themen an oder führten mit mir heikle Personaldebatten an diesen Abenden. Personalentscheidungen waren bald auch das, was mir fast den Rest gegeben hätte. Ich sollte den älteren, lang gedienten, zuverlässigen und den weniger qualifizierten Kollegen sagen, dass sie jetzt nicht mehr gebraucht würden, weil sie angeblich den neuen Bedingungen nicht gewachsen waren. Da machte sich kein Wessi die Finger daran schmutzig. Ich hoffte immer bloß, dass die Mitarbeiterinnen ein Einsehen hätten, da ein Großteil von ihnen ja sowieso bald oder in wenigen Jahren in Rente gehen würde. Dabei hatten viele sogar damals geplant, noch länger zu arbeiten. Ich ahnte, was in ihnen vorging, hineinversetzen konnte ich mich damals noch nicht. Auf der anderen Seite musste ich aber Leute einstellen, weil neue Geschäftsfelder hinzukamen und in die Älteren nichts mehr investiert werden sollte. Es bewarben sich ständig ehemalige Staatsbanker, die zu DDR-Zeiten die Bank verlassen hatten, weil man in der Industrie leicht das Doppelte bis Dreifache von einem Staatsbankgehalt bekommen konnte. (Ein solches Gehalt wäre doch etwas für die heutigen Boni – Banker.) Als Kreditökonomin hatte auch mich ein Betriebsdirektor abwerben wollen, ich lehnte jedoch ab. Aber nun winkte ja in der BRD ein »sicherer« Arbeitsplatz. Ich habe keinen von den ehemaligen Bankmitarbeitern wieder eingestellt, wir hätten sie vor Jahren viel dringender gebraucht. Die schwierigste Personalentscheidung aber war, gleich nach der Wende, einen neuen Lehrling einzustellen. Ich hatte die Wahl zwischen einer bildhübschen, gesprächigen, langhaarigen Blondine und einem kleinen, ruhigen, etwas krummen und im Gesicht entstellten Mädchen. Als die Eltern mit ihr bei mir zum Vorstellungsgespräch waren, meinten sie, dass ihre Tochter sowieso keine Chance gegen dieses ansehnliche Mädchen hätte, da es jetzt ja nur noch auf Äußerlichkeiten ankäme. Ich fand, dass sie Recht hatten und nahm das unansehnliche Mädchen mit den guten Zensuren. Sie war sehr dankbar und brachte gute Leistungen. Hätte ich es nur nicht getan, ich machte ihr nur falsche Hoffnungen. Sie erhielt später mit dem Lehrabschlusszeugnis als erste ihre Entlassungspapiere. Ich hätte es wissen müssen. Es tat mir sehr leid, als ich davon hörte. Was wohl aus ihr geworden sein mag? Hoffentlich hat sie jemanden gefunden, dem die Äußerlichkeiten nicht so wichtig waren wie den Bankern. Unsere West – Vorgesetzten (bis auf einen hatten sie die Fünfzig längst überschritten) wiesen am Beginn ihrer Tätigkeit tatsächlich an, alle Damen über 40 sollten an den Schreibtischen hinter den Schränken Platz nehmen, damit sie nicht gleich so zu sehen wären. Nicht nur ich war darüber sehr entsetzt.

Aber auch mit den ständigen Einladungen und anderen Schikanen haben sie mich nicht klein gekriegt. So kam, was kommen musste.

Der 30. Juni 1991 rückte immer näher und mit ihm der Tag, an dem der alte Zahlungsverkehr der DDR endgültig eingestellt wurde. Es war bereits so, dass sich mit der Bearbeitung des alten Zahlungsverkehrs nur noch die Mitarbeiter beschäftigten, die sowieso schon auf der »Abschussliste« standen. Ich wurde Ende April in die Hauptfiliale bestellt. Ich weiß noch wie heute, dass ich ein Taxi dorthin nahm. In dem Gespräch sagte man mir einfach, dass ich abgelöst würde, das hatte ich ja bereits geahnt. Man müsse mich in Zukunft von den Kunden fern halten und hätte keine Zeit, um Experimente zu machen und mir eine Filiale anzuvertrauen. Und zum Schluss kam dieser Satz: »Wir können Sie gerade noch am letzten Schreibtisch in der Hauptfiliale dulden.« Diesen Satz werde ich mein Lebtag nicht vergessen. Er hat mich all die Jahre begleitet, wo auch immer ich war, wie viel auch immer ich gearbeitet oder mich abgelenkt habe. Dieser Satz war eine schwere persönliche Kränkung für mich. Er stellte mich und meine gesamte berufliche Orientierung in Frage. Auf die Idee, dass auch die Leute auf der anderen Seite unsicher waren und gleichfalls mit der neuen Situation überfordert und keine Ahnung hatten, bin ich damals nicht gekommen. Ich bekam eine Bedenkzeit von 14 Tagen und sollte erst einmal meinen Urlaub machen. Auf der Taxifahrt zurück fiel kein Wort, bei mir rollten die Tränen. Dieser Satz hat sich so in mein Bewusstsein eingegraben, als wäre es gestern gewesen. Gerade noch – am letzten – und D U L D E N.

Damit begann der steile Abstieg in meiner Karriere und so konnte ich mit 31 Jahren sagen: Ich war einmal Bankdirektorin gewesen.

So einfach wollte ich jedoch nicht klein bei geben. An dem Tag, an dem ich den Änderungsvertrag unterschreiben sollte, überreichte ich stattdessen dem reichlich verdutzten Personalbeauftragten meine kurz zuvor selbst getippte Kündigung. Ohne zu wissen, auf welche finanziellen Ansprüche ich damit insgesamt verzichten würde. Aber ich hatte mein Gesicht gewahrt und war nicht zu Kreuze gekrochen. Und was dann innerhalb der nächsten beiden Tage geschah, war für mich endgültig das Lehrstück über diese Gesellschaft, alle Klischees aus Fernsehen und Parteilehrjahr bestätigend: Was ist ein Mensch schon wert, wenn es um die Erhöhung des Profits geht?

Der Personalbeauftragte fragte, ob ich mir das wirklich überlegt hätte und zog unverrichteter Dinge wieder ab, da ich bejahte. Am nächsten Morgen bekam ich in der Filiale persönliche Post, deren Inhalt sinngemäß so lautete: »Wir haben Ihre Kündigung zur Kenntnis genommen. Sie erhalten von uns Ihr Gehalt bis 30.06.1991 weiter gezahlt und sind bis dahin (es war Mitte Mai!) von der Arbeit frei gestellt. Sie haben innerhalb der nächsten 24 Stunden Ihren Schreibtisch zu räumen und die Geschäfte zu übergeben. Danach ist es Ihnen, unter Androhung rechtlicher Schritte bei Zuwiderhandlung, verboten, das Bankgebäude noch einmal zu betreten. Wir bedanken uns für die Zusammenarbeit und wünschen Ihnen alles Gute für die Zukunft.«

Ich dachte nur, dass kann nicht sein. Aber es war genauso gemeint. Ich bin tatsächlich nie wieder in meiner Filiale gewesen, jeder Besuch bei meinen ehemaligen Kollegen fiel damit aus. Schweren Herzens, bedrückt und entgeistert, habe ich sofort begonnen, meine Sachen auszuräumen, das Wichtigste zu übergeben, Briefe an Kunden und Zettel an Mitarbeiter zu schreiben und eine Versammlung einzuberufen, damit ich es den Mitarbeitern wenigstens noch offiziell mitteilen konnte. Ich habe versucht, mich anständig zu verabschieden, aber irgendwann versagte mir die Stimme. Ich konnte nicht mehr zu Ende sprechen und bin weinend raus gerannt. Nach 15 Jahren, wo wir gemeinsam so viel bewältigt hatten, mal gestritten, mal gelacht, nach all der Zeit, in der sich meine Mitarbeiter auch auf mich verlassen hatten, war plötzlich nichts mehr da. Ich trug doch Verantwortung. Wir hatten nicht nur hart zusammen gearbeitet, sondern auch gut zusammen gefeiert und manchen Tagesausflug gemacht. Ohne meine Mitarbeiterinnen und Mitarbeiter wäre ich nichts gewesen. Heute tut es mir leid, dass ich manches Mal aus falsch verstandenem Ehrgeiz perfekt sein und fast jede Vorschrift einhalten wollte. Ich bekam zum Abschied ein Geschenk und einen großen Eimer voll Blumen von meinen Mitarbeitern und dann schloss sich für immer die Tür dieser Bank für mich. Nicht ganz: Pfingsten stand vor der Tür und der Flieger wartete. Weil sich kein anderer Mitarbeiter fand, war es dem West – Filialleiter nicht zu peinlich, mich zu fragen, ob ich den Bereitschaftsdienst wie geplant noch einmal übernehmen würde. Er würde mir dazu unter der Hand seine Schlüssel da lassen. Und ich habe es auch noch gemacht. Die überdimensionierten Alarmanlagen waren zu jener Zeit sehr empfindlich, es genügte, dass eine Biene durch die Lichtschranke flog und dann wurde der Dienst habende Leiter von der Polizei zum Abstellen des Fehlalarms in die Bank geholt. Die Polizei stand damals aber nicht wegen Alarms vor der Tür, sondern erst etliche Wochen später und war ganz entsetzt, dass ich nicht mehr zuständig war.

Was würde aus allen werden? Was sollte ich jetzt machen? Nun stand ich auf der Straße, mit nichts. Damit hatte ich weder emotional noch finanziell gerechnet, mich demzufolge auch nicht darauf vorbereitet. Ich hatte keine Vorstellung, wie es weiter gehen sollte, geschweige denn einen Plan. So habe ich die scherzhafte, zu Beginn meiner Lehrzeit geäußerte Prophezeiung des ältesten Mitarbeiters unserer damaligen Kreisfiliale, der bereits weit über siebzig war, nicht mehr erfüllen können. Er meinte einmal zu mir: » Sie werden bestimmt irgendwann einmal noch Präsident der Staatsbank werden.«

Nach meiner Kündigung erhielt ich von Mitarbeitern noch eine Zeit lang Briefe, die über den ständigen Wechsel der West – Leiter berichteten und darüber wie angespannt das Arbeitsklima war. Eine ältere Kreditökonomin, die damals die 50 schon überschritten hatte, schrieb, dass sie ihre Geburtstagsblumen erst, nachdem die Wessis weg waren, auf den Tisch gesetzt hatte, weil sie sich nicht eher traute und dass sie fürchterliche Angst vor der Prüfung habe, die demnächst auf sie zukäme. Aber sie müsse das machen, denn sie wolle doch noch bis zu ihrer Rente in der Bank arbeiten. Na klar, nach 35 Jahren »Staatsdienst« musste man erst mal den Beweis erbringen, dass man in dieser neuen Welt auch arbeitstauglich war.

Der Rest ist schnell erzählt, auf Einzelheiten meines weiteren »neuen« Lebens möchte ich nicht eingehen. Damals habe ich den größten Fehler meines Lebens gemacht. Statt erst einmal zur Ruhe zu kommen und zu überlegen, wo ich im Leben eigentlich hin will und einen echten Neuanfang zu wagen, habe ich mich von Panik leiten lassen. Ich habe mich gleich beworben und 14 Tage später bei einer anderen Bank angefangen. Zum ersten Mal in meinem Leben hatte ich den Arbeitgeber wirklich gewechselt, obwohl in meinem Lebenslauf schon drei verschiedene Bankbezeichnungen auftauchten. Der Neuanfang war für mich doppelt schwer. Ich musste erst einmal von meiner hohen Position wieder herunter kommen. Ich durfte am Anfang Schecks mit der Addiermaschine auftippen, den ganzen Tag! Ich hatte mir gedacht, ich werde schon auf mich aufmerksam machen und mich durchsetzen und wieder eine bessere Position begleiten, was aber gar nicht so einfach war. Nur eines wusste ich damals ganz genau: Eine Leitungs- oder Führungsaufgabe, wie es jetzt hieß, würde ich nie wieder übernehmen wollen, was dann auch mein neuer Arbeitgeber so sah. Zunächst einmal unterstellte man mir, man hätte mich bei der vorherigen Bank rausgeworfen, ich hätte etwas zu verbergen. Originalzitat: »Niemand kündigt heutzutage bei einer Bank. Das gibt es nicht. Sie haben sich etwas zuschulden kommen lassen und sind deshalb entlassen worden.« Man ließ mich überall abblitzen, beim Abteilungsleiter und bei den Direktoren, natürlich alles erfahrene Alt – Bundesbürger. Nur meine unmittelbare Ost – Vorgesetzte, die Gruppenleiterin Unbarer Zahlungsverkehr, erkannte, dass ich bei ihr völlig fehlbesetzt war. Später durfte ich gelegentlich die Zentralbankkonten abstimmen. Am Anfang meiner Tätigkeit saßen alle Mitarbeiterinnen – Überweisungs-, Scheck-, Reklamationsbearbeiter und Buchhaltung in einem großen, langen Saal. Als ich dort vorgestellt wurde, fragte gleich eine der Frauen: »Und was haben Sie bei der Bank gemacht?« Ehrlich und arglos wie ich war, antwortete ich: »Ich war Direktorin.« Der ganze Saal lachte laut. »Ha, ha, ha und ich bin der Kaiser von China!«, rief die Kollegin. Das tat weh. Von da an habe ich über mein Vorleben stets geschwiegen und keinem Menschen bei der neuen Bank etwas darüber erzählt, was ich vorher gemacht hatte. Neun Monate musste ich dort ausharren! Es war eine Qual für mich. Dafür hatte ich doch nicht studiert und mich all die Jahre engagiert und mir so viel Wissen und Fähigkeiten angeeignet. Ich dachte an all die Dinge, die sich in den letzten Monaten ereignet hatten, an die Entscheidungen, die ich fällen musste, an meine Mitarbeiter, die Geschäftspartner, unseren Fahrer, mein Arbeitszimmer. Alles war wieder neu. Ich gehörte zu den ersten, die in dieser neuen Gesellschaft gestrandet waren! Erst ging meine Entwicklungskurve steil nach oben und nun fiel sie noch steiler nach unten. Für mich lief alles im Zeitraffer, wofür andere Menschen Jahrzehnte brauchen, dass war bei mir in noch nicht einmal einer Dekade geschehen. Ich war so verletzt, regelrecht gebrochen.

Schließlich gelang es mir dann doch noch irgendwann, einen Termin beim Vorstand zu bekommen. Und dort traf ich auf einen Mann, der mir sagte: » Na ja, Sie haben studiert und einige Jahre gearbeitet. Irgendetwas müssen Sie ja können. Ich will Ihnen eine Chance geben. In der Zweigstelle in Kleinposemuckel schaffen sie die Eröffnung der Konten nicht mehr, wir schicken Sie dorthin. Ich werde persönlich verfolgen, wie Sie sich bewähren. Nach vier Wochen nehme ich Rücksprache mit Ihrer Chefin.« Da war sie wieder, die »Bewährung«. Aber ich bin ihm heute noch dankbar dafür, dass er mich aus der Abteilung Zahlungsverkehr herausgeholt hat. Nun hatte ich also wieder eine Chefin. Das war schon recht eigenartig für mich, ich war es gewohnt, selbst die Entscheidungen zu treffen. Es war demütigend, wieder um Urlaub und Qualifizierungen betteln zu müssen. Ich habe mich eingerichtet, innerlich habe ich mich aber nie mehr mit der Rolle des »Befehlsempfängers« abfinden können.

Ich musste nicht lange am Serviceschalter sitzen, kam bald in die Kundenberatung. Später, nach einem Konsumentenkreditlehrgang und einer absolvierten Prüfung erhielt ich eine Kompetenz über 7.000 D – Mark Privatkundenkredite, wie lächerlich und beschämend für mich. Das war alles, was ich erreichen konnte, mehr war für Kundenberater nicht vorgesehen. Mit 36 nahm ich noch einmal ein Fernstudium auf, qualifizierte mich innerhalb der Bank zum Bankfachwirt. Als mir vorher untersagt wurde, den Betriebswirt zu machen, weil das »in meiner Funktion nicht notwendig sei«, bekam ich das erste ernsthafte Identifikationsproblem mit meiner Bank und wurde für längere Zeit krank. In den kommenden Jahren wurde es immer restriktiver, wir hatten nur noch zu gehorchen und Vertriebsvorgaben zu erfüllen. Mit den Mitarbeitern, die ihre Vorgaben nicht erfüllten, wurde rigoros umgegangen. Und eines Tages bin ich dann zum zweiten Mal in meinem Leben aus einer Bank weggegangen und habe mein jetziges Honorarberatungsbüro gegründet, diesmal bewusst und lange durchdacht und vorbereitet. Die Zeit danach war dennoch wieder mit großen Fragezeichen verbunden. Es war erneut nicht einfach, ich war ja nun fast 50. In einem Alter, wo andere schon aufgeben, wollte und musste ich noch einmal neu anfangen. Ich traf nach einiger Zeit zufällig eine Bekannte, die mit mir gelernt hatte und in der Bundesbank gelandet war. Sie erzählte mir, dass ihre Filiale in fünf Jahren geschlossen wird und dass sie dann in den Vorruhestand gehen werde. Ihr sei ein bisschen komisch zumute, aber sie finde das gut und warte schon darauf. Sie wird ihre privaten Gründe dafür haben, für mich wäre das eine furchtbare Vorstellung.

Das Rad der Geschichte kann und will ich nicht zurückdrehen. Jedoch glaube ich nicht, dass die DDR 1989 praktisch pleite war, wie ich es immer wieder in der Presse lese. Das kann so nicht stimmen. Faktisch ja, aber praktisch nicht. Die DDR war überschuldet, aber nicht pleite. Denn pleite ist man immer erst dann, wenn niemand mehr bereit ist,

einem Geld zu leihen. Das weiß doch jeder Banker. Das war aber bei
der DDR nicht der Fall, es gab noch genügend Staaten, die bereit gewesen wären, die DDR gegen die BRD finanziell zu unterstützen. Und
es waren genügend Substanzwerte (Grund und Boden, Gebäude usw.)
vorhanden, die man hätte beleihen können. Die Frage ist nur, wann die
Geldgeber uns die Rechnung präsentiert hätten. Ohne einschneidende
Veränderungen wäre es also eines Tages nicht mehr gegangen. Für den
Westen war die Übernahme der DDR ein gigantisches Konjunktur-
programm. Und mangels Erfahrungen, Erkenntnissen und Geduld hat
man uns einfach 1:1 den bundesdeutschen Apparat übergestülpt, weil
es ja angeblich so schnell gehen musste. Warum eigentlich? Fürchtete
man, die DDR – Bürger könnten es sich noch einmal anders überlegen
und doch nach einem dritten Weg suchen? Warum haben wir vor 20
Jahren einfach aufgehört, für eine gerechtere, bessere Welt einzutre-
ten?

Ich stehe dem Vereinigungsprozess auch deshalb skeptisch gegenüber, weil nichts Neues, nichts Besseres entstanden ist, für das sich
eine so große Veränderung gelohnt hätte. Es ist keine neue Verfassung
entstanden, keine Bürokratie abgebaut worden und nichts Entschei-
dendes, Erhaltenswertes aus der DDR übernommen worden. Das
Streben nach Profit unter Effizienzgesichtspunkten ist auf Bereiche
übertragen worden, wo es nicht hingehört, beispielsweise in Bildung
und Gesundheitswesen. Unser Ministerpräsident, Herr Tillich, meinte
neulich in einem Beitrag für den »Focus«, dass der Westen zu bequem
für Veränderungen sei und im Osten noch mehr Motivation vorhanden sei. Er begründete das mit einem Vergleich zwischen den Protesten
zum Bahnprojekt »Stuttgart 21« und dem (fast) widerstandslosen Bau
der Waldschlößchenbrücke in Dresden. Diese Begründung halte ich
für völlig verfehlt, denn sie weist eher auf das Gegenteil hin: Mit den
Leuten im Osten kann man immer noch machen, was man will. Der
Osten ist nicht flexibler geworden, im Gegenteil: die Flexibelsten sind
abgewandert und in den Westen gegangen. War das, was jetzt entstan-

den ist, das Ziel dieser vielen mutigen Leute, die sich für einen Wandel engagierten, und nichts weniger als den Auftakt zu einer wesentlichen Veränderung unserer gesamten Welt gaben?

Warum haben die ehemaligen DDR – Bürger nach der Wende wieder alles so hingenommen, wie es vorgegeben wurde? Warum konnten wir uns gar nicht schnell genug anpassen? Weil die Masse glaubte, dass wäre der einzige Weg, um künftig erfolgreicher zu sein? Oder waren wir bereits so angepasst, dass wir gar nicht mehr anders konnten? Die Zweifel bleiben, ich kann darauf keine Antwort geben. Eins ist aber klar: Der einzelne steht Veränderungen machtlos gegenüber, bewirken kann sie immer nur die Mehrheit. Auch zu DDR – Zeiten gab es Streit, Ärger, Probleme, Verleumdungen, Ungerechtigkeiten und Unrecht. Ich kenne das Gefühl von Ohnmacht, dieses lähmende Bewusstsein, nichts ändern zu können von früher. Ich wünsche mir die DDR – Verhältnisse ins Heute nicht zurück. Aber ich wünschte mir, man könnte die Zeit zurückdrehen und ich wäre noch einmal jung. Unbekümmert, ohne wirkliche Probleme, voller Elan und ohne jegliche finanzielle Sorgen. Weil das hieße, ich könnte noch einmal neu entscheiden, anders handeln und vieles besser machen. Doch eines weiß ich ganz genau: Den Traum von einer ehrlichen, lebenswerten und gerechten Welt würde ich noch einmal träumen.

»Schöne Worte sind nicht wahr. Wahre Worte sind nicht schön.«

Du Fu

4. Es gibt ein Leben nach der Bank

Ich musste, um dieses Buch zu schreiben, tief in den Spiegel schauen. Und was ich da sah, war nicht immer angenehm, das Schreiben tat manchmal regelrecht weh.

Das Leben war für mich damals nach der Wende erst einmal zu Ende, und das mit 31 Jahren. Aber statt mir Zeit und Ruhe zu geben, um die Dinge zu verarbeiten, stürzte ich mich gleich wieder ins Berufsleben nach dem Motto: Euch werde ich es zeigen! Weil mein Schritt zu dieser Zeit außergewöhnlich war, interessierte es unmittelbar danach sogar die West – Banker in meiner ehemaligen Bank, was aus mir werden würde. Ich folgte der ersten meiner beantworteten Bewerbungen wieder in eine Bank. Wie immer dachte ich, es wird sich alles finden. Fragt sich nur, wie.

Warum gerade ich diesen Mut zu persönlichen Veränderungen aufbringe, hängt aber noch mit einem anderen Fakt zusammen. Dabei bestand dieser Mut gar nicht unbedingt darin, meinen »sicheren« Bankjob aufzugeben und mich im »hohen« Alter von 48 Jahren selbständig zu machen. Viel, viel mehr Mut brauchte und brauche ich, die Tatsachen über den Alltag eines Bankberaters und die Zustände auf dem Finanzmarkt öffentlich und mit meinem Namen anzusprechen. Ich fand aufgrund meines Charakters und meines Lebensweges den Mut dazu. Die Entscheidung für diesen Weg wurde mir durch die Behandlung von Seiten meiner ehemaligen Banken erleichtert. Ich erhielt weder bei meinem ersten Weggang von der Bank nach fast 15 Jahren noch beim zweiten Mal nach über 16 Jahren eine Abfindung, sondern nur eine lächerlich kurze Arbeitsfreistellung und im zweiten Fall eine dreimonatige Freistellung als Ausgleich für die 12 Wochen Sperrung meines Arbeitslosengeldes.

Keine große Auswahl am Arbeitsmarkt, zu alt für bestimmte Ziele und Qualifizierungen – die Perspektive war von vornherein so, wie es mir viele vorausgesagt hatten: bescheiden. Finanzen sind aber das, was ich kann. Meine Fähigkeiten und Kenntnisse gebe ich nicht her, meine Erfahrungen werde ich nicht wegwerfen. Die Beziehung zum »großen Geld« war mein Leben, das wollte und will ich nicht aufgeben. Also werde ich mich weiterhin mit Finanzberatung beschäftigen. Ich war am Anfang meiner Selbständigkeit gezwungen, kleine Kompromisse einzugehen, die ich tief in meinem Innern eigentlich ablehne. Ich verfügte weder über die erforderlichen relativ hohen finanziellen Mittel noch den Mut, um eine eigene Zulassung als Anlageberater zu beantragen. So schloss ich mich notgedrungen als gebundener Vermittler einer mir sympathischen, weil unabhängigen Vermögensverwaltung an. In der ersten Zeit, nachdem ich von der Bank weg war, hat mir dieser Schritt sehr geholfen, erst einmal zu erkennen, was wichtig und richtig für eine faire Beziehung zum Kunden ist. Die ersten Schritte in eine selbständige, unabhängige Beratung wären mir sonst nie gelungen.

Vorher war mir jedoch nicht so richtig klar, dass ich auf dem freien Finanzmarkt gelandet bin, in dem das Konkurrenzdenken noch ausgeprägter ist und die verdienstgetriebene Beratung bei vielen Beratern naturgemäß noch mehr im Vordergrund steht. Weil ich früher nie aus der Bank herausgekommen bin, hatte ich völlig falsche Vorstellungen vom freien Finanzmarkt beziehungsweise in mancher Hinsicht überhaupt keine. Dazu kam ich an eine Stelle, die zwar meinen Prinzipien entsprach, bei der ich nicht zum Verkauf von Finanzprodukten gezwungen wurde, aber wo ich nicht gebraucht, nicht geschätzt, gefragt und nicht vermisst wurde. Umsonst war diese Zeit jedoch keinesfalls, ich bin sehr dankbar für jede dieser Erfahrungen.

Während dieser Zeit ist es mir zum Beispiel einmal passiert, dass eine 65-jährige vermögende Dame allen Ernstes zu mir 50-jähriger gesagt hat: »Ich möchte Sie als Beraterin nicht haben, Sie sind mir zu alt. Sie hören ja bald auf zu arbeiten. Ich möchte eine Finanzberaterin, die mich ein Leben lang begleitet!« Im täglichen Überlebenskampf einer Selbständigen fällt es bei so einer Aussage schon schwer, den Kurs zu halten, den man einmal für sich als richtig angesehen hat. Dazu kam, dass ich meine ehemaligen Kunden aus der Bank nicht so ansprechen konnte und wollte, wie das am Anfang notwendig gewesen wäre. Meine Aussichten waren also mehr als dürftig, aber ich wollte das nicht zur Kenntnis nehmen. Ich grübelte, auf welchem Gebiet ich zusätzlich ein paar Euro verdienen könnte und gleichzeitig nur die Dinge tun, die mir Spaß machten, um nie wieder gezwungenermaßen Vorgaben zu erfüllen. So erinnerte ich mich daran, dass ich bereits seit den Kinder- und Jugendtagen den Wunsch hatte, einmal ein eigenes Buch in den Händen zu halten und Anfang der 90-er Jahre einen Schreibkursus absolviert hatte. Meinen Traum vom Bücherschreiben habe ich mir verwirklicht. Dass mit Büchern für einen Nicht – Prominenten kein Geld zu verdienen ist, habe ich erst im Nachhinein begriffen und neue wertvolle Erfahrungen rund um den Buchmarkt gesammelt. Eines Tages werde ich mit Schreiben etwas Geld verdienen können, denn das mache ich wirklich gern. Aber wie erträumt einmal Schriftstellerin zu sein, gute Bücher zu schreiben und davon leben zu können, das ist mir leider nicht gelungen. Ich muss mich von diesem, meinem größten Lebenstraum, verabschieden. Die auf dem Buchmarkt gefragten Themen kann ich nicht bedienen. Über das anstrengende Thema Finanzen wollen die Leute nichts lesen, ihre Aversion dagegen ist fast unüberwindbar. Und ich habe meine Grenzen kennen lernen müssen, es gibt einen Unterschied zwischen dem Bücher – schreiben – Wollen und dem Bücher – schreiben – Können. Das muss ich einsehen und wenn es noch so schmerzt. Deshalb ist dies mein letztes Buch aus der Banken- und Finanzwelt. An meinem Lebensmotto wird sich jedoch nichts ändern: Bleib Dir selber treu, egal, was passiert! – Du kannst Dir nur selber helfen, auf jemanden anderen zu vertrauen – dieser Weg führt in die Sackgasse.

Für die Entwicklung meiner Persönlichkeit, für meinen Charakter hat der ganze Veränderungsprozess sehr viel gebracht. Weil ich gezwungen war, Schwierigkeiten zu meistern, musste ich mich mit mir selbst auseinandersetzen. Ich habe endlich gelernt, nicht nur meine Fehler und Schwächen zu erkennen, sondern mich auch mit ihnen zu versöhnen, mich so zu akzeptieren, wie ich bin, besser zu mir selbst zu sein. Grundlegend ändern kann sich sowieso niemand. Die stillen Wasser, so wird immer argumentiert, sollten doch mehr aus sich herausgehen. Sie bräuchten doch bloß mal ein bisschen lebhafter, ein bisschen aufmüpfiger, mutiger sein und auf den Tisch hauen. Doch welcher Mensch kann aus seiner Haut heraus?

Durch meine Prinzipien, die mir oft im Wege stehen, und meine Vorstellung, dass das Gute im Menschen siegt, habe ich nach meiner Bankzeit noch lange an die Existenz von Ehrlichkeit und Wahrhaftigkeit in der Finanzbranche geglaubt. Das Leben hat mir sozusagen die letzten Illusionen genommen, Ehrlichkeit und Fairness gehören nicht zu den gefragten Werten in dieser Gesellschaft, schon gar nicht in der Welt des Geldes. Nicht umsonst heißt ein geflügeltes Wort: Der Ehrliche ist der Dumme. Finanziell werden mich die in den Banken und einigen Finanzvertrieben Beschäftigten ganz sicher auslachen. Ein gutes Gewissen ist mir jedoch mehr wert. Und das unabhängig davon, ob das andere Leute verstehen oder nicht. Ich will – so weit es möglich ist – keine Geschäfte auf Kosten anderer machen. Zwei Dinge hatte ich mir bei meinem zweiten Weggang von der Bank geschworen: erstens nie wieder Finanzprodukte zu verkaufen, egal, was es mich kosten sollte und zweitens nie mehr einem Fürsten und seinen Auflagen zu gehorchen, wer es auch sein mag. Daran werde ich mich halten. Weil aber die Honorarberatung weder allgemein bekannt noch beliebt oder akzeptiert ist, reichen die Erträge aus Beratungen auf reiner Honorarbasis augenblicklich nicht allein zum Leben aus. Alle Honorarberater, die mir bekannt sind, haben andere oder ergänzende Beratungsleistungen, zum Teil auch den Produktvertrieb, in ihr Angebot mit aufgenommen. So muss ich mich um andere Geschäftsfelder kümmern, ohne meinem Schwur untreu zu werden, keinen Finanzproduktverkauf mehr zuzulassen. Außerdem muss ich den formal gesetz-

lichen Anforderungen für eine ordnungsgemäße Beratung Rechnung
tragen. Das ist fast wie die Quadratur des Kreises und führt dazu,
dass ich jedem im Finanzbereich Beschäftigten erklären muss, wovon
ich lebe. Aber ich werde mich auf keinen Fall nach neuen Einnah-
mequellen im Finanzproduktvertrieb umsehen oder nach provisions-
trächtigen Produkten suchen. Ich werde keine faulen Kompromisse
in der Beratung mit Hilfe von Mischformen zwischen Honorar- und
Provisionsmodellen zulassen. Es gibt in der Finanzbranche, auch ohne
dass man ein Finanzprodukt verkauft, viel zu tun. Ich habe noch
ein zweites Hobby, das mir dabei helfen wird, die Psychologie Eines
aber wird bleiben: mein Ziel, stets eine unabhängige und anständige
Beratung anzubieten.

Ich konnte nach meiner Bankerzeit nicht alles erreichen, was ich mir
gewünscht und vorgenommen hatte, aber ich habe mich niemals selbst
aufgegeben. Die Bilanz fällt insgesamt positiv aus, trotzdem wandern
meine Gedanken immer wieder in die Vergangenheit.

Kann man 20 Jahre einfach so streichen? Nein, natürlich nicht.
Ich muss jetzt das tun, was ich schon vor 20 Jahren hätte tun sollen,
nämlich nach einer neuen Orientierung suchen. Erst jetzt ist die Zeit
reif dafür, endlich meinen eigenen Weg zu gehen. Ich warte nicht länger, bis mir irgendwann einmal jemand eine große Chance eröffnet.
Auf meine Chance zu warten, reicht mir heute nicht mehr. Ich werde
mein Leben noch einmal selbst in die Hand nehmen! Diesmal wird es
besser gelingen, als die beiden Male zuvor, davon bin ich überzeugt.
Denn Ende 2007 nach meinem Weggang von der Bank war ich leider
abermals nicht so gelassen, wie es notwendig gewesen wäre. Die Frage,
was soll jetzt werden, hat mir mehr zugesetzt, als ich es mir vorstellen
konnte. So traf ich nicht immer vorausschauende Entscheidungen. Ich
habe mal wieder nicht auf meine innere Stimme gehört. Ich konnte
mir nicht eingestehen, dass ich in Gedanken nie aus der ersten Bank
weg gegangen war. Ich war stolz darauf, Zentralbankerin zu sein und

konnte mir für mein Berufsleben nichts anderes vorstellen. Erst durch das Schreiben an diesem Buch ist mir klar geworden, dass ich Anfang der 90-er Jahre die Bank niemals freiwillig verlassen hätte. Es war falsch, damals zu kündigen, weil ich es selbst eigentlich gar nicht wollte. Das mochte ich mir die ganze Zeit über nicht eingestehen, das wollte ich all die Jahre nicht wahr haben. Bei der zweiten Bank bin ich so niemals richtig angekommen, sie wurde nie zu »meiner Bank« und ich habe sie deshalb auch keine Minute vermisst. Im Vergleich zum ersten Mal habe ich mich aber aus guten Gründen ganz bewusst für den Bruch mit der zweiten Bank entschieden.

Es gibt aufgrund meines öffentlichen Engagements keinen Weg zurück in eine Bank. Aber für meine Überzeugungen werde ich weiter kämpfen, meine Erfahrungen und Erinnerungen kann mir niemand nehmen. Mein Leben hat sich verändert, andere Herausforderungen, neue Erkenntnisse sind hinzugekommen: Interviews, Lesungen, Verhandlungen mit Verlagen und Umgang mit Verlegern, aber auch Flyer und Internetwerbung gestalten, Prospekte in Briefkästen verteilen und Briefe sortieren musste ich lernen. Geblieben sind die Kundengespräche und die persönlichen und formalen Anforderungen an das Beratungsgespräch.

Meine Beziehung zum »großen Geld« ist jedoch nicht zu Ende, wie ich annahm, sie hat sich nur verändert. Ich habe diese Beziehung für mich persönlich immer mit Bank gleich gesetzt, obwohl das ja gar nicht stimmt. Auch außerhalb der Bankwelt wird viel und großes Geld bewegt. Und mit dem Ende meiner Banktätigkeit, so dachte ich, wäre für mich gleichfalls die Beziehung zum »großen Geld« beendet. Dem ist jedoch nicht so. Das Einzige, was sich an meiner Beziehung zum Geld verändert hat: Ich sitze nicht mehr am Ursprung, an der Quelle. Aber das war im Grunde genommen schon damals nicht mehr der Fall, als ich von der Zentralbank weg war. Kunden zu beraten, wie man

Geld anlegt, hieß später meine Tätigkeit. Nach der Bankzeit stand im Mittelpunkt, das Geld der Kunden zu erhalten.

Geld spielt weiterhin die wichtigste Rolle in meinem Berufsleben, welch ein Glück habe ich beruflich gegenüber anderen gehabt. Ich habe unter dem Strich nicht verloren, sondern vieles an Erkenntnissen und Eindrücken hinzu gewonnen.

Manches Mal dachte ich daran, aufzugeben, dieses verlogene Finanzbusiness ganz zu verlassen, der Branche den Rücken zu kehren. Aber so schnell lasse ich mich aufgrund meiner Lebenserfahrungen nicht mehr umwerfen. Die Kompromisse, die ich zu Beginn meiner Selbständigkeit eingehen musste, sind beendet. Ich bin heute unabhängig, an niemanden mehr gebunden. Ich bin meinem Lebensziel ein ganzes Stück näher gekommen, habe aber inzwischen meine Grenzen akzeptieren müssen. Fest steht nur eines: Ich habe für mich selbst in meinem Berufsleben noch nie »vernünftige« Entscheidungen getroffen. So emotional wie ich meine Beziehung zum »großen Geld« sehe, kann das auch gar nicht anders sein. Und zwar so lange nicht, bis ich diese Tatsache akzeptiere und nicht immer wieder versuche, für meine Belange rationale Entscheidungen zu treffen. Denn mein Gefühl und mein Empfinden bringen mich auf den richtigen Weg. Das heißt für mich, oft nicht das zu tun, was andere in dieser Situation tun würden oder allgemein erwartet wird. Jedenfalls habe ich beruflich manches Mal trotz anders lautender Weisungen nur das getan, was ich für richtig hielt – womit wir wieder beim Thema Bankjob wären. Die Konsequenz zu ziehen und keine Finanzproduktverkäuferin mehr sein zu wollen, war für mich die wichtigste und richtigste Entscheidung der letzten Jahre. Ich habe Sie auch im Nachhinein bis heute trotz aller Widrigkeiten keine Minute bereut. Weil ich mich stets über meinen Beruf definiert habe, bekam ich jedoch nach meinem Ausscheiden aus der Bank regelrechte Identitätsprobleme. Wer war ich denn jetzt? Keine Bankerin mehr, na klar, aber was dann?

Mehr als mein halbes Leben, und das von Anfang an, war ich Bankerin, das hat mich geprägt. Das kann man in meinem Alter nicht so einfach hinter sich lassen. Verbindet mich auch offiziell nichts mehr mit einer Bank, in meinem Herzen bin ich Bankerin geblieben. Im bankenunabhängigen Finanzbereich darf man das jedoch nicht laut sagen – Der Banker, der Feind der freien Finanzbranche! Meine Kunden habe ich aber auf der Grundlage meines jahrelang erworbenen Bankwissens beraten. Glücklicherweise lernte ich noch einiges – fachlich wie menschlich – dazu, sogar: die Dinge aus einer neuen Perspektive zu betrachten. Ich habe meine Freiheit und meine vollständige Unabhängigkeit in der Finanzbranche gewonnen, gerade weil ich einen sehr hohen Preis dafür bezahlt habe.

Und das sollten doch die besten Voraussetzungen für eine ordentliche, faire Honorarberatung sein, von der ich auch künftig nicht lassen werde. So bin und bleibe ich eben heute – eine Bankerin ohne Bank, aber mit Gewissen, die endlich zu sich selber gefunden hat.

»Alle Menschen sind klug – die einen vorher, die anderen nachher.«

Voltaire

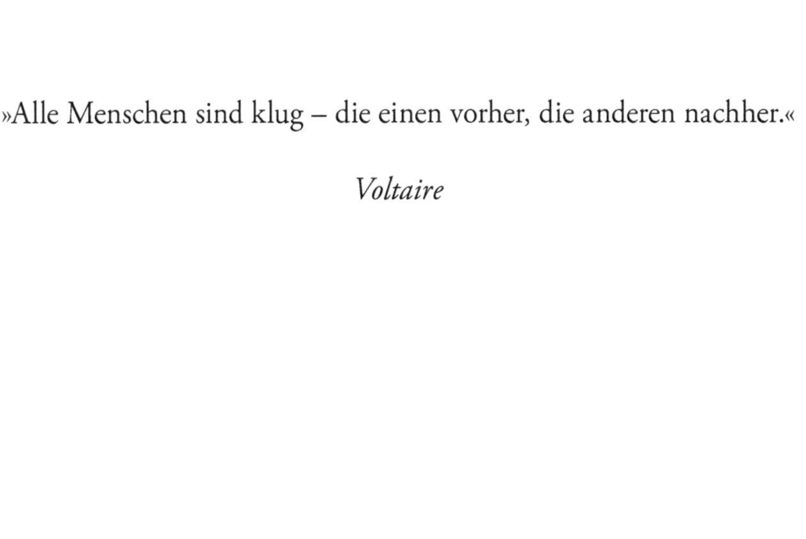

5. Eine glatte Fehlberatung

Ich will weiterhin etwas dagegen unternehmen, dass Fehlberatungen so oft wie bisher vorkommen – Fehlberatungen wie in dieser nicht ganz ernst gemeinten Geschichte.

Es war einmal eine wunderschöne Bankberaterin. Jung, erfolgreich, ehrgeizig und anmutig. Sie lächelte jedem Kunden freundlich zu. Sie war überall wohl gelitten, selbst bei ihrem Chef.

Eines Tages änderte sich das auf dramatische Weise. Das hatte sie dem kleinen, rundlichen Herrn Mißmuth zu verdanken. Er kam eines Tages aufgeregt, mit einem Stück Papier wedelnd, in die Bank, die jeden Tag von früh bis spät nur für ihre Kunden da war. »Fräulein Arabella«, flötete er, »was soll das hier?« Er hielt ihr »diesen Wisch« bedrohlich nahe unter die Nase. »Sie hatten gesagt, bei dieser Anlage gibt es keine Verluste, nie und nimmer, zu gar keiner Zeit! Und jetzt habe ich 200 Euro verloren. Können Sie mir das erklären?«

Fräulein Arabella lächelte feengleich, wie sie es immer tat, wenn sich ein Kunde bei ihr beschweren wollte. » Aber Herr Mißmuth! Wer wird denn gleich so aufgeregt sein? Das lässt sich doch alles klären! Ich verstehe Sie so gut. Schauen wir uns doch einmal die Rahmenbedingungen für diese Anlage an: Der Zinsfaktor ist negativ, die Tranchen sind noch nicht abgeschlossen, der Evidenzkreislauf wird bestimmt von der Dynamik in den Schwellenländern, neuen Algorithmen, besserem Shareholder Value, risikoadjustierten Wirtschaftsprämissen und eingeschränkter Relativer Stärke. Und da sprechen Sie von 200 Euro? Aber, so kenne ich Sie doch gar nicht.« Sie strich ihr langes blondes Haar zurück und überlegte, ob sie den Kopf noch etwas mehr nach links neigen sollte, damit er ihr Grübchen sah.

Für einen Moment verschlug es Herrn Mißmuth tatsächlich die Sprache. So schwer und tief war die Krise? Wie konnte er da so kleinlich sein? Aber dann fiel ihm plötzlich wieder Emma ein, die zu Hause auf eine Erklärung wartete. Sie wollten ihrem Sohn zum Geburtstag einen Motorroller schenken und der kostete nun einmal 15.000 Euro, und nicht 14.800 Euro. Dafür hatten sie ja schließlich das Geld angelegt. Er räusperte sich. »Nun, aber was geht mich die Krise in Honduras an? Ich wollte mein Geld ganz sicher angelegt wissen!« Fräulein Arabella zog ganz leicht ihre Augenbrauen nach oben. »Nun, in unserer globalen Welt sollte Sie das aber schon ein bisschen interessieren. Sie haben doch honduranische Staatsanleihen und ecuadorianische Nebenwerte gekauft. Die können doch von dieser Krise nicht unberührt bleiben. Sie sind doch so ein intelligenter Mensch, das leuchtet doch ein, lieber Herr Mißmuth.«

Jetzt wurde der liebe Herr aber doch hellhörig: »Ich habe w a s gekauft? Sie sagten, es handelt sich um ein passives Garantieprodukt, da habe ich damit doch gar nichts zu tun.«

»Ja, natürlich, genauso ist es auch. Ein passives Garantieprodukt! Deshalb ist ja der Verlust so klein. Was meinen Sie, was Sie bei einem aktiv gemanagten, nicht garantierten Produkt verloren hätten. Nicht auszudenken, so viel wäre das!«

Leicht nervös zupfte Fräulein Arabella an ihrem Ärmel. Aber nun lächelte sie wieder, sie hatte sich an ihre Schulungen erinnert: »Herr Mißmuth, wie gut, dass Sie damit zu mir gekommen sind. Da können wir doch gleich einmal schauen, wie wir Ihren Verlust ganz schnell minimieren können und wie wir noch viel mehr aus diesem Geld machen können. So viel, dass diese kleine Lücke geradezu lächerlich wirkt.« Sie reichte ihm ein bunt verziertes Blatt mit vielen Kurven und Steigerungen, auf dem die größte Zahl eine »+ 50« war. »Das ist nicht Ihr Alter, Herr Mißmuth, Sie sind doch noch viel jünger. Nein, stellen Sie sich vor, das ist Ihre Rendite, wenn Sie noch vier Jahre Geduld haben! Das Geld brauchen Sie doch sowieso nicht eher. Sie haben ja bei uns noch fünf andere Anlagen. Ich sage bei uns, Sie haben doch ganz gewiss auch noch andere Reserven? Na ja, wie dem auch sei. Ein solches Angebot zu Ihrem Vorteil werden Sie sich doch nicht entgehen lassen! Soll ich wie immer den Vertrag schon vorbereiten? Sie bringen dann morgen nur noch Ihre Frau zur Unterschrift mit.« Fräulein Arabella wollte, wie sie es immer tat, ganz kurz ihre schlanken Finger auf Herrn Mißmuths rechte Hand legen. Aber diesmal hatte sie sich leider versehen. Herr Mißmuth hatte heute nur seine linke Hand auf dem Tisch liegen. Diesmal zückte er nicht, wie stets, seinen Kugelschreiber, sondern fühlte sich unangenehm berührt. An der linken Hand fehlte ihm nämlich eine Fingerkuppe, die der Kreissäge zum Opfer gefallen war. Ihm fiel auf einmal die letzte Schlagzeile seiner Lieblingszeitung ein – »Bankkunden werden schlecht beraten«. Er war also auch ein Opfer! Die kalte Wut stieg langsam in ihm hoch. Aber er kannte Fräulein Arabella doch schon zwei Jahre und wenn er die Bank verließ, war er immer heiter gestimmt gewesen, bis er seine Wohnung betrat. Es lag sicher nur ein Irrtum vor. Er versuchte es noch einmal: »Aber wo sind nun meine 200 Euro geblieben?« Zum ersten Mal an diesem Tag entglitt Fräulein Arabella das Lächeln. »Herr Mißmuth, haben Sie mich nicht verstanden? 50 Prozent Rendite in vier Jahren sind möglich! Was reden Sie da von 200 Euro?« Langsam verfluchte sie in Gedanken den alten Knacker. Hatte sie heute nicht den richtigen Rock an? Sie brauchte noch diese eine Unterschrift, um ihrem Chef heute Abend die morgens versprochenen 250.000 Euro an Zertifikaten für diese Woche zu bringen, die ihr in diesem Aktionsmonat noch an der Zielerfüllung fehlten.

Bei Herrn Mißmuth war noch nie eine besondere Absatzanstrengung notwendig, ihre Argumente und Verkaufshilfen wollte sie sich lieber für Herrn Roloff, ihren nächsten Kunden, aufsparen. Herr Roloff war Geschäftsführer. Aber so sehr sie auch lächelte, Herr Mißmuth hatte längst auf die Welle »Es geht mir ums Prinzip« umgeschaltet. So konnten sie sich nicht einigen. Einen Bausparvertrag wollte er zu ihrem Trost auch nicht abschließen. Aber sie blieb hartnäckig, bis er den verhängnisvollen Satz aussprach: »Ich möchte Ihren Chef sprechen, so einen Verlust lasse ich mir nicht gefallen.« Fräulein Arabella fiel geradewegs der Kugelschreiber aus der Hand. Ihren Chef, Ihren Chef, Ihren Chef …

Sie rutschte auf ihrem Stuhl ein Stück nach unten. »Ich weiß nicht, ob mein Chef da ist. Er ist ohnehin nicht in der Filiale zurzeit, weil er für viele Filialen zuständig ist. Ich müsste ihn erst rufen lassen, Sie werden doch nicht so lange warten wollen?« Doch Herr Mißmuth wollte. Emma durfte er nicht ohne Ergebnis nach Hause kommen. Also telefonierte Fräulein Arabella von einem hinteren Raum aus und beorderte ihren Chef in die Filiale. Wider Erwarten war dieser bereits nach zehn Minuten bei Herrn Mißmuth. Groß, kräftig, nur unwesentlich älter als Fräulein Arabella, mit einer bestimmten Aura, erschien er. Er trug einen feinen, grauen Anzug.

Als erstes entschuldigte er sich bei Herrn Mißmuth, seine Mitarbeiterin hätte ihn sicher nicht richtig verstanden und man würde sich schon einigen. Er wüsste schließlich, worauf es ankomme im Umgang mit so treuen, verdienstvollen Kunden, wie er einer sei. Herr Mißmuth fühlte sich auch gleich besser verstanden. Aber er sprach wieder von seinen 200 Euro Verlust. Der Chef nickte verständnisvoll und meinte, das ließe sich regulieren, er solle nur mal in einer Woche auf seinen Kontoauszug schauen, dort würde er die 200 Euro dann wieder finden. Denn er habe doch sicher die neue Anleihe schon gezeichnet, die mit den 50 Prozent Plus. »Oder hat Sie Fräulein Arabella etwa nicht auf dieses großartige Angebot aufmerksam gemacht?« Erwartungsfroh hob der Chef seine tiefe Stimme. Da passierte es. Herr Mißmuth ärgerte sich immer noch über Fräulein Arabella, die nicht so verständnisvoll und unbürokratisch wie ihr Chef gehandelt hatte, und er sagte: » Nein, hat sie nicht.« Der Chef rang nach Luft. »Hat sie nicht?«, wiederholte er ungläubig. »Sie sind wohl schon öfters mal nicht korrekt von Fräulein Arabella beraten worden, wie ich vermute?« »Ja«, meinte Herr Mißmuth, »sonst hätte ich ja nicht gleich solch einen Verlust zu verzeichnen gehabt!« Der Chef sah Fräulein Arabella durchdringend an. Er maß sie verächtlich von Kopf bis Fuß. »Das habe ich schon immer vermutet, Fräulein Arabella. Dann wird es ja höchste Zeit, dass wir daran etwas ändern!« Sofort besann er sich: » Herr Mißmuth, Sie erhalten noch ein wunderbares Geschenk von uns, unseren gelb-blauen Universalkorkenzieher. Wir wünschen Ihnen und Ihrer Familie viel Freude damit! Ich darf Sie noch an Ihre Unterschrift unter den neuen Vertrag erinnern und mich von Ihnen verabschieden. Es hat mich sehr gefreut, einen solch konstruktiven, aufmerksamen Kunden wie Sie kennen zu lernen. Ich hoffe, dass Sie in Zukunft zufriedener mit uns sein werden. Ab morgen wird sich Herr Helmut um alle Ihre Belange kümmern. Alles Gute für Sie!« Damit ging der Chef, nicht ohne Fräulein Arabella noch einen verächtlichen Blick zugeworfen zu haben. Herr Mißmuth unterschrieb den Vertrag und verließ erhobenen Hauptes die Filiale. Ab morgen würde er von einem echten Profi beraten! Herr Helmut war schon seit zehn Jahren in der Filiale! Da waren Verluste garantiert kein Thema mehr. Obwohl … So nett wie Fräulein Arabella war Herr Helmut nie gewesen und er trug auch nicht so schöne, durchsichtige Blusen … Ha, das hat sie nun davon.

Fräulein Arabella allerdings musste nach der Auswertung am nächsten Morgen die Filiale verlassen und wurde als Urlaubsvertretung mal hier und mal da eingesetzt. Und wenn sie nicht gestorben ist, dann läuft sie noch heute mit ihren Arbeitsunterlagen von Filiale zu Filiale …

»Experten sind Leute, die andere daran hindern,
den gesunden Menschenverstand zu gebrauchen.«

Hannes Messemer

6. Was Sie für Ihr Geld tun können!

Unser Verhältnis zum Geld

Und was können Sie gegen Fehlberatungen tun? Dazu müssen Sie sich mit sich selbst auseinandersetzen, denn die dabei gewonnenen Erkenntnisse werden Ihnen helfen, zu erkennen, was Sie mit Ihrem Geld, mit Ihrem Einkommen und mit Ihrem Anlageerfolg zu tun haben.

Ist Geld im Leben wirklich so wichtig? Dieser Spruch von Mae West ging mir nicht aus dem Kopf: »Ich habe es mit und ohne Geld versucht, mit war es besser«. Das kann ich nur bestätigen. Aber die Welt ist auch ohne Geld nicht untergegangen. Ich habe endlich die Dinge schätzen gelernt, die man nicht für Geld erwerben kann: Liebe, Freundschaft, Gesundheit, Gelassenheit, Zufriedenheit, Glück. Ich bin bis heute glücklich mit meiner Entscheidung, die Bank verlassen zu haben.

Mein Verhältnis zum Geld hat immer etwas mit mir selbst zu tun. Wie ich mit mir selber und anderen Menschen umgehe, so gehe ich auch mit meinem Geld um. Welche Einstellung ich habe, wie ich an die Lösung von Problemen herangehe, das widerspiegelt sich in meinen finanziellen Entscheidungen: Was erwarten wir vom Geld? Streben wir nach mehr Geld, um andere zu beeindrucken oder um unabhängig zu sein? Mit Unabhängigkeit verbinden wir Sicherheit, Eigenverantwortung, Selbstbestimmung und Freiheit. Der Besitz von Geld eröffnet uns die Chance, selbst zu entscheiden, welche der uns gebotenen Möglichkeiten wir wahrnehmen. Wer einmal weiß, wie abhängig man sich fühlt, wenn man kein Geld besitzt, kann diese Unabhängigkeit gar nicht hoch genug schätzen.

Ich habe mir früher nie groß Gedanken ums tägliche Geld gemacht und machen müssen. Ich habe es einfach so hingenommen, dass Geld immer da war. Und wenn es mal weg ging, dann kam es bald wieder, als Bankdirektor hat man nicht schlecht verdient. Jetzt ist das jedoch anders. Es war für mich eine große Umstellung nach meiner Bankzeit, zu sehen, wie mir das Geld durch die Finger rinnt und weg bleibt, obwohl ich bereits äußerst sparsam lebe. Allein deshalb, weil Einkünfte nicht mehr regelmäßig fließen und man trotz großer Sparsamkeit hohe Fixkosten hat, die man nicht vermeiden oder reduzieren kann. Ich habe regelrecht zugesehen, wie meine Ersparnisse dahin schmolzen. Heute weiß ich, dass ich mich nach meiner Bankzeit in einer großen persönlichen Krise befunden habe, nachdem mir meine Identität als Bankerin abhanden gekommen war. Ich wusste nicht mehr richtig, wer ich bin und sah die Beziehung zum Geld verloren. Ich rechnete damit, dass es mir als Selbständiger immer fehlen und es sehr schwer sein würde, jemals wieder genug davon zu haben. Und genauso kam es dann auch. Doch jetzt weiß ich wieder, wer ich bin und dass ich abermals eine gute Beziehung zum Geld haben will. Deshalb wird es zu mir zurückkehren. Ich bin davon überzeugt: Ich werde in Zukunft wieder genug Geld haben. Mit der Kraft meiner Gedanken kann ich viel bewegen, wenn ich konsequent meinen eigenen Weg gehe.

Diese Fragen rund um das eigene Geld sind nicht nur von großem philosophischem und psychologischem Interesse. Sie sind Bestandteil unserer täglichen Entscheidungen und haben wesentlichen Einfluss darauf, ob und wie es uns gelingt, unser Geld zu vermehren. Und wie groß ist der Einfluss unserer Einstellung zum Geld für den Erfolg beim Geld anlegen?

Ich denke in diesem Zusammenhang zugleich über grundsätzliche Fragen nach und finde keine endgültige Antwort. Wieso geht man mit fremdem Geld anders um als mit dem eigenen? Eigentlich müsste man doch annehmen, dass ein Experte oder so genannter »Insider« mit dem eigenen Geld viel aufmerksamer, erfolgreicher und viel sensibler umgeht als mit fremdem Geld. Aber genau das Gegenteil ist der Fall. Man sitzt stundenlang an Überlegungen, wie man für andere etwas mehr herausholen kann, wie man Renditen und Portfolios optimieren kann. Da bleibt keine Zeit, einmal ordentlich über das eigene Geld nachzudenken. Außerdem kann man mit niemandem über große Anlageerfolge des eigenen Geldes sprechen, um möglichst keine Neider oder Nachahmer zu haben und nicht als Angeber zu gelten. Oder vielleicht deshalb, weil man genau weiß, dass es gar nicht möglich ist, auf Dauer den Markt zu schlagen, ohne ein unverhältnismäßig hohes Risiko einzugehen?

Was ist Geld für mich, was erwarte ich davon, was tut es mit mir? Die Beantwortung dieser Fragen entscheidet über unseren ganz persönlichen finanziellen Erfolg. Um von anderen angenommen zu werden, muss ich mich erst einmal selber annehmen. Ich muss also Geld gut finden, um richtig gut damit umgehen zu können.

Wenn wir etwas erreichen wollen, haben unsere Ziele immer etwas mit Geld zu tun. Ob wir bessere Renditen erzielen, uns qualifizieren oder uns selbst verwirklichen wollen, im Umgang mit Geld ist Rationalität und Logik gefragt. Kann ich beide im Zusammenhang mit mir selbst überhaupt aufbringen? In Beziehungsdingen habe ich für andere treffende Ratschläge und Erkenntnisse parat, nur nicht für meine eigenen Probleme. Ist es also die Befangenheit in eigener Sache, die mich in meinen Geldangelegenheiten daran hindert, objektiv das Beste zu finden? Brauche ich deshalb in jedem Fall einen Außenstehenden, einen möglichst Unabhängigen? Daraus leitet die Finanzberaterbranche ja ihre Daseinsberechtigung ab. Wieso aber setzen viele Menschen einfach voraus, dass sie, wenn sie eine Zweitmeinung einholen, damit automatisch unabhängigen Rat haben? Das kann doch in vielen Fällen gar nicht der Fall sein. Wenn ich zu zwei unterschiedlichen Beratern gehe, die beide Verkäufer sind, habe ich garantiert keine unabhängige Zweitmeinung. Selbst wenn ich nicht bei Finanzproduktverkäufern lande, können unterschiedliche Interessenlagen und die daraus resultierenden Konflikte die Unabhängigkeit der Handlungsempfehlung gefährden.

Ist alles nur eine Frage des persönlichen Maßstabes? Bei welcher Summe jemand glaubt, vermögend zu sein, ist so verschieden und vielfältig wie die Persönlichkeiten selbst. Es ist doch oft so: Wenn wir im Leben hilflos sind, dann sind wir es auch in der Frage des Geldes. Das Verhältnis zum Geld ist für jeden genauso individuell wie die Auswahl des Lebenspartners. Wir müssen zuerst einmal unser Verhältnis zum Geld klären, wenn wir erfolgreich sein wollen.

So muss man letzten Endes genau wie bei der Wahl des richtigen Partners erst einmal wissen, wer man ist <u>und</u> was man will und sich selbst akzeptieren, ehe man Erfolge bei der Geldanlage erzielt. Ja, auch im Zusammenhang mit Geld lohnt die Reise zum eigenen Ich. Und wenn man in der »falschen Haut« steckt, wenig Selbstbewusstsein hat, kann man auch keinen Erfolg bei der Geldvermehrung haben. Meiner Meinung nach sollten sich deshalb mehr Psychologen mit dem Thema Geld beschäftigen.

Wie gehe ich überhaupt praktisch mit meinem Geld um? Das ist eine ziemlich spannende Frage. Nehme ich mir Zeit dafür? Welche Anforderungen stelle ich an die Resultate meiner Geldanlage? Was ist mir wichtig? Wonach suche ich? Wenn ich nicht weiß, was ich will, werde ich kaum die Ziele und Prämissen für meine Anlage genau definieren können. Auf der anderen Seite ist es gar nicht möglich, im Leben wie in der Wirtschafts- und Anlageentwicklung alle Eventualitäten vorauszusagen. Man kann deshalb immer nur von bestimmten Annahmen und Wahrscheinlichkeiten ausgehen. Wieso sind wir mit bestimmten Zinsen nicht einfach zufrieden? Bedeutet mehr Geld zwingend mehr Freiheit, mehr Handlungsspielraum, Weiterentwicklung und keinen Stillstand?

Geld ist gegenständlich, teilbar, wieder beschaffbar und beliebig vermehrbar. Es wird von allen begehrt und akzeptiert und weil es nicht nur in Waren getauscht werden kann, inzwischen als Selbstzweck angestrebt. Geld wird als Maßstab für die Einschätzung, die Beurteilung von Menschen benutzt. Geld symbolisiert Status und Wertschätzung. Wenn jemand viel Geld hat, dann gilt er automatisch als clever, erfolgreich, als Vorbild oder Genie. Geld differenziert nicht, fragt nicht nach den menschlichen Eigenschaften, die sich dahinter verbergen. Es teilt nur ein in diejenigen, die Geld besitzen und diejenigen, die kein Geld besitzen. Dabei genießen auch diejenigen, die nur fremdes Geld besitzen, also die Schuldner, zum Großteil hohes gesellschaftliches Ansehen. Schulden sind ja an sich nichts Schlimmes, solange man sie zurückzahlen kann. Die Beurteilung der Bonität des Schuldners wird als Leistung verkauft, die Kreditwürdigkeit selbst gilt als Äquivalent für Geld, sie ist ein Vorgriff auf zu erwartende Einnahmen. Also nur wem künftig Geld zusteht, der kann auch Kredit beantragen. Ursprünglich waren Schulden einmal nichts anderes als das Kapital anderer Leute oder Institutionen, die für ihr Geld wiederum eine rentable Anlage suchten. Nur diejenigen, die weder eigenes Geld besitzen noch kreditwürdig sind, sind arm dran. Sie haben keinen Anspruch auf Geld. Leuten, die sich Geld nicht selber besorgen können (oder wollen), gewährt unser Staat einen Anspruch auf Geld.

Geld findet seinen Ausdruck in unseren unbewussten Wünschen. Wir wünschen uns im Allgemeinen, wenn wir älter werden, wir wären immer noch jung, beweglich und leistungsfähig. Geld hilft uns, diesen Wunsch zu realisieren. Der Wunsch nach mehr Geld bedeutet, dass wir noch viele unerfüllte Wünsche haben. Deshalb sind ältere Leute meist mit mehr Sicherheit und weniger Rendite zufrieden, weil sie nicht mehr so viele Wünsche haben. Die einzigen, die mit Geld nichts am Hut haben, sind ganz kleine Kinder. Sie messen ihm keinen Wert bei, da sie dessen Funktion nicht kennen.

Wir müssen also zuerst unser persönliches Verhältnis zum Geld klären, bevor wir irgendeine Anlage- oder Sparentscheidung treffen. Wie betrachten wir nun das Geld? Ist es etwas Gutes, nur Mittel zum Zweck oder verachtenswert? Verbinden wir es mit Macht oder wenden wir es als nützlichen Helfer an? Ist Geld in unserem Leben etwas Besonderes, worum es sich zu kümmern lohnt? Oder stiehlt es uns nur wertvolle Zeit für Wichtigeres? Ist die Beschäftigung damit bloß notwendiges Übel? Hier bietet uns die Finanzindustrie ihre helfende Hand an: die Konzerne, Konglomerate, Firmen und Einzelkämpfer. Sie alle wollen unser Geld, um mehr daraus zu machen. Aber für sich, nicht für uns!

Derjenige, der dieses Anliegen für das Unternehmen transportiert und nach außen hin kommuniziert, ist der Berater. Er sollte im Idealfall nicht nur Experte und Verkäufer, sondern auch Coach sein. Coach ist er allerdings viel zu selten, die psychologische Komponente beim Geld anlegen ist vielen nicht bewusst. Das zeigt sich beispielsweise in der Frage der Beurteilung des Risikos von Geldanlagen. Was der einzelne unter Risiko versteht, kann schon zwischen zwei Menschen enorm abweichen. Der Berater hat es in dieser Frage besonders schwer, sich in den Kunden hineinzuversetzen, weil er zwangsläufig den eigenen Standpunkt in die Einschätzung der Risikobereitschaft des Kunden mit einfließen lässt. Deshalb ist es besonders wichtig, seine eigene Risikobereitschaft richtig einzuschätzen und das Risiko von Geldanlagen genau zu kennen wie die vielen Fälle von Fehlberatungen zeigen.

Also, so einfach ist es nicht, wie der Satz es suggeriert: Geld hat man oder man hat es nicht. So kompliziert, wie die Finanzbranche immer behauptet, allerdings auch nicht.

Nur, wenn ich mich kenne, wenn ich weiß, was gut für mich ist, dann weiß ich auch, was gut für mein Geld ist. Und wenn ich Geld brauche, dann muss ich ihm meine Zeit widmen. Wenn wir uns selber vernachlässigen, dann vernachlässigen wir auch unser Geld. Dagegen lässt sich viel tun. Wir sind verantwortlich für unser Geld!

Der gesunde Menschenverstand als bester Ratgeber

Geld anlegen heißt niemals, schnell und einfach reich zu werden. Das erzählen Ihnen nur Starverkäufer oder Betrüger, dass man allein durchs Geld anlegen reich werden kann. Ein gewisses Vermögen ist immer Voraussetzung. Nur wer reich ist, kann auch reich bleiben. Geld anlegen ist eine zeitraubende, anstrengende Beschäftigung. Wie bequem ist es doch, die Entscheidungen zu delegieren und anderen zu überlassen. Und kostenlose Ratschläge gibt es nicht nur von Banken und Finanzberatern, sondern auch von Verwandten, Bekannten und Freunden, also Vertrauenspersonen. Deshalb versuchen so viele Verkäufer d i e Vertrauensperson des Kunden zu werden. Aber die große Mehrheit der Anbieter am Finanzmarkt ist den Beweis des wirklichen Mehrwertes für den Anleger bisher schuldig geblieben. Deshalb lohnt es sich, selbst über die eigene Geldanlage nachzudenken.

Ich wünschte mir aber, die Menschen würden die Rolle des Geldes nicht so überbewerten. Ich habe in meinem Leben so viele Scheine in der Hand gehabt und so viele Milliarden zwischen Konten hin und her bewegt, nicht einmal hat mich das viele Geld verlockt, etwas zu meinen Gunsten abzuzweigen. Es gibt nicht nur die Jagd nach einer höheren Rendite und auch nicht nur die konservative Festgeldalternative. Wenn es Ihnen ausschließlich darum geht, auch noch die letzten 10 Euro an überflüssigen Gebühren einzusparen, dann haben Sie, glaube ich, im Leben irgendetwas falsch gemacht. Vergessen Sie nicht, zu leben und Geld in Umlauf zu bringen. Sei es für materielle Wünsche, schöne Erlebnisse oder um Anderen Freude zu bringen oder Ängste zu nehmen.

Werden Sie vom Käufer von Finanzprodukten zum Hilfesuchenden in Vorbereitung Ihrer eigenen finanziellen Entscheidungen! Holen Sie sich Ratschläge und Vorschläge. Aber lassen Sie niemals zu, dass jemand anderes Macht über Ihre eigenen Entscheidungen hat. Beratung ist eine Dienstleistung, die Sie freiwillig in Anspruch nehmen! Das gilt im Übrigen nicht nur für Finanzberatung.

Entscheidungen werden immer aus dem Bauch heraus getroffen, deshalb ist so viel Psychologie bei der Finanzberatung dabei. Manchem Berater (oder auch manchem Kunden) verzeiht man alles, bei anderen ist einem selbst der kleinste Schnitzer zuviel. Der Verstand versucht immer im Nachhinein, die Gründe für die Entscheidung zu rechtfertigen.

Seien Sie vor allem ehrlich zu sich selbst wie auch zu Ihrem Berater. Sie helfen weder ihm noch sich, wenn Sie sich unvollkommene Finanzkenntnisse oder Ihre Unzufriedenheit nicht eingestehen. »Ich will nicht schon wieder wechseln, woanders werde ich genauso betrogen.« Wer diese Einstellung vertritt, der kann sich doch nur selbst um die erforderlichen Informationen kümmern. Er sollte keinesfalls resignieren und damit zufrieden sein, dass die größtmögliche Sicherheit ein Sparbuch und ein Bundesschatzbrief bringen.

Wo war zum Beispiel der gesunde Menschenverstand jener Anleger, die mit einer Investition in Riesenräder (!) in Form von geschlossenen Fonds den großen Reibach machen wollten? Diese Fonds waren schon nach kurzer Zeit insolvent. Verkauft wurden sie von seriösen, namhaften Banken. Woraus und wann sollte dort ein überdurchschnittlicher Nutzen kommen? Bis heute ist die Geschichte noch lange nicht zu Ende. Da profilieren sich Rechtsanwälte, die die verkaufende Bank wegen Falschberatung verklagen wollen, weil diese nicht auf die 10 Prozent Vertriebsprovision, die in ihre Taschen geflossen ist, hingewiesen hat. Dort versuchen ehemalige Fondsinitiatoren über Rettungsinitiativen und Selbsthilfegruppen an die Adressen und das verbliebene Geld der geprellten Anleger heranzukommen.

Um solche Katastrophen zu vermeiden, muss ich aber nicht unbedingt Finanzwirtschaft studiert haben. (Wenn ich Betroffener wäre, würde mir das Vergleichsangebot sofort 60 Prozent meines Kapitaleinsatzes zurückzuerhalten wie ein Geschenk des Himmels vorkommen.) Ich muss nur meinen gesunden Menschenverstand einschalten und mich von Gier oder Habgier nicht beherrschen lassen. Und mich vor allen Dingen fragen: Sind die Renditeerwartungen und das Konzept realistisch, gab es schon einmal vergleichbare Beispiele, welche Ergebnisse sind dort erreicht worden und welche sind in Zukunft wahrscheinlich.

Ein weiteres schlechtes Beispiel sind die Kunden der insolventen Noa – Bank. Was sagte ihnen der gesunde Menschenverstand, als sie lasen, dass diese Bank erst 2009 in der Rechtsform einer GmbH gegründet wurde und nicht der freiwilligen Einlagensicherung der privaten Banken angehört, sondern nur der gesetzlichen? Wahrscheinlich gar nichts. Aber dafür hätten sie ja auch 0,7 Prozent mehr Zinsen als bei den meisten Anbietern für ihre Tagesgeldanlage erhalten. Oder war ihnen die Bedeutung der unterschiedlichen Einlagensicherung nicht bewusst?

Freilich, unabhängige Beratung kostet etwas, wie eine ältere Dame mir gegenüber zum Ausdruck brachte. Hier ihre Originalaussage, die ich unkommentiert so stehen lassen möchte: »Ich habe 100.000 Euro zum Anlegen und weiß nicht, was ich am besten damit machen soll. Einer Bekannten möchte ich es nicht mehr anvertrauen, da es dort im Laufe der Zeit immer weniger wurde. Aber 50 Euro für eine Stunde Beratung bei Ihnen kann ich mir nicht leisten, weil ich nur eine ganz kleine Rente habe.«

Wie Sie erkennen, ob der Berater es ehrlich mit Ihnen meint

Ich möchte weder alle Bankberater noch alle freien Finanzvermittler in einen Topf werfen. Für Sie als Kunde ist es dennoch sehr schwierig, herauszufinden, ob der Berater Ihre Interessen ausreichend berücksichtigt. Aber auch hier sollte der gesunde Menschenverstand ein guter Ratgeber sein. Ich möchte das an einem willkürlich herausgegriffenen Beispiel verdeutlichen. Im Internet gibt es zahlreiche Plattformen und Foren, auf denen man sich auf dem freien Finanzmarkt entweder einen geeigneten Berater selbst heraussuchen kann oder gute Berater von anderen bewertet und weiterempfohlen werden. Ganz abgesehen davon, dass man nie nachvollziehen kann, wer das eigentlich eingestellt hat, habe ich große Zweifel. Ich finde dort beispielsweise die Aussage über eine bei einer Gesellschaft beschäftigte Finanzberaterin, die geschlossene Fonds vertreibt. Unter anderem wurde dort 2009 geschrieben: »Frau M. ist seit 2007 unsere Beraterin in Finanzen. Speziell der Anlage in geschlossene Fonds. Im Jahr 2007 konnte sie uns vor falschen Schritten bewahren. Darüber sind wir sehr froh und zufrieden. In regelmäßigen Abständen besucht sie uns und informiert uns über die Entwicklungen unserer Fonds. Wir freuen uns auf eine weiterhin gute Zusammenarbeit und können Frau M. bestens empfehlen.«

Ich bin fast versucht, zu schreiben: Ja, geht es noch? Freilich wird jemand, der am Verkauf seines geschlossenen Fonds satte 7 Prozent Provision plus 5 Prozent Agio (einmaliger Aufschlag) für den Vertrieb verdient, freundlich sein und bei Bedarf vorbeikommen. Wenn es sein muss, sogar am Wochenende. Die Mindestanlage für diesen geschlossenen Fonds beträgt 5.000 Euro. Nur an diesem einen kleinen Mindestanleger hat sie beim Abschluss des Vertrages schon 600 Euro verdient. Da die Gesamtkostenquote 20 Prozent beträgt und die weiteren Beteiligten auch noch gut daran verdienen, werden für den Kleinanleger von seinen insgesamt eingezahlten 5.250 Euro gerade einmal 4.000 Euro im Fonds angelegt.

Solche Berater vermitteln lediglich Produkte. Das heißt, sie verdienen nur dann etwas, wenn aus dem Kundengespräch ein Abschluss gekommen ist. Ihr Geld erhalten Sie von dem Unternehmen, dessen Produkte sie verkaufen, also letztlich in Form von Gebühren und Provisionen vom Kunden selbst. Das muss nicht automatisch schlecht sein. Mag sein, dass Frau M. eine persönlich integre Person ist. Aber wird Ihnen jemand, der geschlossene Fonds vertreibt, im Fall des Falles, weil die wirtschaftliche oder persönliche Situation es erfordert, davon abraten? Glauben Sie, dass von Vermittlern eine seriöse Finanzberatung zu erwarten ist? Dass sie Ihnen zuerst ein Tagesgeld empfehlen, an dem sie nichts verdienen, dass aber zur Überbrückung einer Unsicherheitsphase für Sie notwendig ist? Und können Sie im Jahr 2009 ernsthaft einschätzen, was unter dem Strich am voraussichtlichen Laufzeitende 2017 aus diesem Fonds herauskommen wird? Schön, wenn Sie heute schon mit dem Fonds zufrieden sind, dann hat die Frau wenigstens in verkäuferischer Hinsicht ganze Arbeit geleistet. Ähnlich einem Herrn, der neulich aufgeräumt und locker wie jeder Verkaufsprofi bei mir im Büro anrief. Machen Sie sich einmal den Spaß und hören Sie einem solchen Pfau von Finanzvermittler am Telefon einmal ausnahmsweise zu, wenn er schwadroniert: »Sagt Ihnen das Wort »Erneuerbare Energien« etwas? Wir haben ein konkurrenzloses Produkt, 2,5 Prozent Zinsen im Monat sind drin! Ich weiß, dass klingt erst einmal unseriös, aber stellen Sie sich vor, das erhalten Sie 20 Jahre lang jeden Monat! Es ist nämlich staatlicherseits verbürgt! Ist das nicht interessant für Sie?« Zumindest ihre Laune hat sich danach enorm gebessert, wenn Sie wissen, was von solchen Angeboten zu halten ist. Ein Grinsen ist gar nicht zu vermeiden, so überzogen wirkt die Polemik. Jeder Schauspieler würde vor Neid erblassen, wenn er diesem Mann zuhören oder gar zusehen könnte. Aber so einfach zu erkennen ist ein windiger Berater selten.

Wie trennen Sie bei den Beratern die Spreu vom Weizen?

Zuerst müssen Sie sich auf das Gespräch vorbereiten und mit festen Vorstellungen und Zielen zur Beratung kommen. Vor allen Dingen muss Ihnen klar sein, von welchen Interessen sich der Berater oder Vermittler leiten lässt. Wenn er Zielvorgaben erfüllen oder von Provisionen existieren muss, dann ist der Interessenkonflikt in der Beratung besonders groß. Es ist jedoch ein Märchen, wenn jemand behauptet, es gäbe im Finanzbereich eine Form der Anlage, bei der es gar keine Interessenkonflikte gibt. Scheuen Sie sich nicht, nach dem Verdienst des Beraters zu fragen. Sie müssen nicht nach der Höhe seines Gehaltes oder der Summe seiner gesamten Provisionen fragen, aber von wem er diese bezieht und was er an dem Ihnen empfohlenen Finanzprodukt verdient. Danach *müssen* Sie fragen, wenn Sie die Qualität der Ratschläge richtig einordnen wollen, weil die (Verdienst)Interessen des Beraters den Ihren als Anleger diametral entgegenstehen können.

Es kann von Vorteil sein, wenn der Berater bereits über einige Jahre Berufserfahrung und verschiedene Fachabschlüsse verfügt. Die Beraterin oder der Berater muss Ihnen ein Produkt mit einfachen, verständlichen Worten erklären können und die Nachteile des Produktes genauso ausführlich darstellen wie dessen Vorteile. Wenn Sie es nicht verstehen, lassen Sie die Finger vom Produkt.

Achten Sie insbesondere darauf, auf welche Weise der Berater oder die Beraterin Werbung für sich und das dazugehörige Geschäft macht. Ich meine damit zum einen die schönen, bunten, viel bedruckten, nichts sagenden Prospekte und Flyer, aber auch noch etwas ganz anderes, worüber es sich nachzudenken lohnt. Wer nur auf die Fehler anderer hinweist, der muss es nötig haben. Wer ständig Leistungen verspricht, die schwer zu realisieren sind, will sich auf Kosten anderer profilieren. Denjenigen, der zu jeder Zeit immer viel besser ist als alle anderen in der Branche, gibt es nicht. Wie denn auch, das Fahrrad kann man nicht neu erfinden.

Ohne dass der Berater Sie nach Ihrer Vermögens- und Einkommenssituation, den Anlagezielen und Ihrer Risikoeinstellung sowie Ihren Erfahrungen und Kenntnissen fragt, kommt kein vernünftiger Anlageratschlag zustande. Vor allen Dingen muss der Berater erst die Frage klären, ob Sie die existentiellen Risiken abgesichert und eventuell noch Schulden zu tilgen sowie eine Liquiditätsreserve haben, bevor er anfängt, Ihnen beim Aufbau eines Vermögens behilflich sein zu wollen!

Fazit: Wenn der Berater offen mit den Fragen der Produktabhängigkeit, seines Verdienstes, Ihrer Risikoeinschätzung und den Produktnachteilen umgeht und die Frage, ob das Finanzprodukt zu Ihnen und Ihrer gegenwärtigen Situation passt, in den Mittelpunkt rückt, ist die Grundlage einer Vertrauensbasis gegeben. Bewahren Sie sich trotzdem immer ein gesundes Misstrauen und verlieren Sie die Entwicklung Ihrer Anlage nachher nicht aus den Augen. Auch, wenn Sie jemanden mit der Verwaltung Ihres Vermögens beauftragt haben (Vermögensverwaltung, Investmentclub, Fonds) müssen Sie sich wie bei einzelnen Produkten kümmern und die Resultate Ihrer Geldanlage mit Ihren Anforderungen abgleichen. Beim Interpretieren und Vergleichen der erreichten Ergebnisse ist immer das dabei eingegangene Risiko zu beachten. Sehen Sie sich die erhaltenen Abrechnungen genau an, sie enthalten nur die gegenwärtig im Depot befindlichen Wertpapiere, nicht die bereits mit einem eventuellen Verlust verkauften Anlagen. Ausschlaggebend für Ihr Ergebnis ist der Anteilspreis oder Anteilswert beziehungsweise der aktuelle Kurs.

Das neue Anlageberatungsprotokoll und seine Hürden

Eine erste Antwort auf die Frage, ob Sie den richtigen Berater gewählt haben, bekommen Sie, wenn Sie genau darauf achten, wie der Berater mit der neuen gesetzlichen Anlageberatungsprotokollpflicht umgeht. Zunächst einmal dienen die Protokolle dazu, die Finanzbranche vor berechtigten und unberechtigten Klagen gegen ihre Beratung zu schützen. Darüber sollten Sie sich keinerlei Illusionen hingeben. Der einzige Vorteil dieser Regelung ist, dass das Protokoll als Beweismittel akzeptiert wird. Also verzichten Sie nicht freiwillig darauf!

Der positive Effekt des Beratungsprotokolls wird in der Öffentlichkeit weit überschätzt. Es wirkt nur dahingehend disziplinierend auf die Berater, dass damit die gröbsten Fehler und krassesten Fehlberatungen verhindert werden. Könnte es nicht auch an den Vertriebsstrategien der Unternehmen und den Beratern liegen, wenn beklagt wird, dass rund die Hälfte aller Deutschen bei ihrer privaten Altersvorsorge nur auf ein Produkt setzt und 52 Prozent davon wiederum Rentenversicherungen bevorzugen?

Nach Berechnungen von Investors Marketing wird die neue Regel sieben Prozent des jährlich durch Falschberatung entstehenden Vermögensschadens verhindern. (15)

Und die anderen 93 Prozent? Welche Bedeutung das Beratungsprotokoll in der Praxis hat, lässt sich gut am Beispiel der offenen Immobilienfonds verdeutlichen. Im Beratungsbogen laut WpHG (Wertpapierhandelsgesetz) wurden dazu von den Banken schon immer alle möglichen Risiken aufgeführt: das Immobilienmarkt-, Mietpreis-, Konjunktur-, Inflations-, Kurs-, Volatilitäts-, Zinsänderungs-, Fondspreis-, Erlös-, Währungs-, Fondsmanagement- und Steueränderungsrisiko. Der beliebteste Verkaufsslogan war: Bisher hat noch kein offener Immobilienfonds ein Jahr mit einem Verlust abgeschlossen. Nicht gesagt wurde, dass das nur mit Hilfe von Kapital und Stützungsgeldern der Fondsgesellschaften und deren Trägern möglich war. Meines Wissens fand sich allerdings in keinem Beratungsbogen ein Hinweis darauf, dass die Fondsgesellschaft berechtigt ist, für maximal zwei Jahre die Rücknahme der Anteilsscheine auszusetzen und dass danach eine Abwertung oder das Risiko der Übertragung auf einen anderen Fonds oder eine Abwicklung des Fonds möglich ist. Das war uns als Bankberatern vor der großen Wirtschaftskrise überhaupt nicht bewusst. Es stand zwar auf Seite 40 des Verkaufsprospektes und auf Seite 107 der Basisinformationen über Wertpapieranlagen, aber in keiner Verkaufsschulung erfolgte jemals ein Hinweis darauf, jedenfalls nicht zu meiner Bankzeit. Jetzt, nachdem einige offene Immobilienfonds wegen Liquiditätsmangel und Ertragsproblemen bereits seit längerer Zeit geschlossen sind, ist das natürlich anders. Die meisten offenen Immobilienfonds mussten nur deshalb schließen, weil der eigentlich langfristige Charakter ihrer Anlage nicht mit den offerierten kurzfristigen Verfügungsmöglichkeiten über die eingezahlten Gelder zusammen passt und auch offene Immobilienfonds mit Krediten arbeiten. Diese Immobilienfonds wurden teilweise als risikolos und als Alternative zur Festgeldanlage verkauft, was sie natürlich nicht sind wie die Finanz- und Wirtschaftskrise deutlich gezeigt hat. Mitunter wurden sie auch als täglich verfügbare Kurzfristanlage beworben. Ob die in einem neuen Gesetzentwurf geplanten Maßnahmen wie Haltefristen und Rücknahmeabschläge ausreichen, solche Liquiditätsengpässe und Verluste mit diesen Fonds zu verhindern, wird erst die Zukunft zeigen. Ich denke, dass es bereits in nicht allzu ferner Zeit zu einer unvermeidlichen Abwicklung eines offenen Immobilienfonds kommen wird. Einzelne offene Immobilienfonds, die jetzt noch geschlossen sind, mussten bereits bis zu 50 Prozent ihres Immobilien- und Wertpapierbestandes abwerten. Sollten Sie in einem solchen eigentlich offenen, aber nun geschlossenen Immobilienfonds Kapital angelegt haben, bleiben Ihnen nur zwei Möglichkeiten. Entweder Sie verkaufen Ihre Anteile jetzt mit dem entsprechenden Verlust über die Börse oder Sie warten ab, bis Sie in zwei bis drei Jahren an Ihr Geld kommen, wenn der Fonds wieder geöffnet ist oder abgewickelt wird. Der Verlust kann dann kleiner sein als bei einem sofortigen Verkauf an der Börse. Er kann allerdings auch höher ausfallen, wenn die Immobilien lediglich weit unter ihren Einkaufspreisen zu veräußern sind, dieses Risiko müssen allein Sie als Anleger abwägen.

Und was passiert heute im Beratungsprotokoll? Diese Risiken werden einfach zusätzlich in das Protokoll eingefügt. Wenn der Kunde die Risiken nicht verstanden, nicht hinterfragt und das Protokoll ohne Kommentar unterschrieben hat, wird ihn das Beratungsprotokoll auch bei offenen Immobilienfonds nicht vor Verlusten und einer längeren Wartezeit auf sein Geld schützen. Wie will er falsche Beratung beweisen? Er hat alles Schwarz auf Weiß bekommen und kann lesen. Denn natürlich steht dort nicht: »Schließung, Abwertung, Verlust und Abwicklung«, sondern es steht da: »Beschränkungen und Sonderregelungen für die Rücknahme von Anteilscheinen und Übertragung oder Kündigung auf ein anderes Sondervermögen«.

Was sollten Sie beachten, damit Ihnen das Beratungsprotokoll im Ernstfall etwas nützt?

Für Privatkunden ist es das Wichtigste, auf ihre richtige Risikoeinstufung zu achten und darauf, in welcher Risikoklasse das von ihnen zu kaufende Produkt eingruppiert ist und vor allem, warum das erfolgt. Einerseits schätzen sowohl Kunden als auch Berater die Risikobereitschaft nicht richtig ein und andererseits berufen sich die Gerichte gern auf die Zusammensetzung des bisherigen Depots, so beispielsweise bei den Klagen wegen der Falschberatung zu Lehman – Zertifikaten. In der »FAZ« vom 11.06.2010 stand in einem Kommentar zu einem neuen Lehman – Urteil gegen eine Rentnerin, die keinen Schadensersatz erhielt, zur Begründung: »Die Rentnerin habe die Papiere offenbar in Wirklichkeit vor allem wegen der hohen Rendite erworben und auch zahlreiche andere riskante Investments gehalten.« Was aber, wenn sie auch diese »anderen riskanten Investments« nur auf Beratungsempfehlung gekauft und selber gar nicht verstanden hat?

Um seine eigene Risikobereitschaft richtig einzuschätzen, muss man erst einmal wissen, wie man Risiko allgemein definiert. Damit sind nicht Ihre persönliche Einstellung und Ihre finanziellen Voraussetzungen gemeint. Als Risiko betrachtet man im Kapitalanlagebereich die Wahrscheinlichkeit des Eintrittes einer bestimmten Rendite unter vorgegebenen Bedingungen. Verändern sich diese Bedingungen, dann kann ein abweichendes Ergebnis eintreten. Wie hoch diese Abweichung und die Möglichkeit des Wertverlustes generell sind, wird als Risiko der Kapitalanlage bezeichnet.

Die erste Frage ist: Welcher Verlust trat in wie vielen Jahren bei dieser oder jener Anlage ein? Kennen Sie diesen, und zwar nicht nur den durchschnittlichen, sondern den höchstmöglichen Verlust? Dann erst kommt die Antwort auf die Frage: Sind Sie bereit und wirtschaftlich in der Lage, diesen zu tragen?

Damit reicht es nicht aus, die Kunden nach möglichen Kursverlusten

zu fragen. Es müsste danach gefragt werden, ob die Kunden die Kursverluste von verschiedenen Anlagearten in einem bestimmten Zeitraum richtig einschätzen. Unvollständig ist es auch, sich nur danach zu erkundigen, wie viele Banken es tun, ob bei liquiden (verfügbaren) Anlagen ein Kursrisiko auftreten darf. Es muss ebenfalls bei der Anlage, die nicht vorzeitig aufgelöst werden kann, nach den akzeptierten Kursverlusten gefragt werden. Sollten die Risikoklasse und die darin eingruppierten Produkte nicht zu Ihrer Einstellung passen, verlangen Sie eine Änderung des Protokolls oder eine Weiterführung des Gespräches. Die Formalitäten des Beratungsprotokolls finden Sie in Anlage D.
Praktische Ratschläge zum Umgang mit dem Protokoll:

- Der Inhalt des Beratungsprotokolls ist nicht einheitlich vorgegeben und standardisiert. Obwohl vom Gesetzgeber nicht ausdrücklich benannt, gehört die detaillierte Erläuterung aller Chancen und Risiken in das Protokoll. Lassen Sie sich nicht mit allgemeinen Textbausteinen zu allen theoretisch vorkommenden Risiken der (s) empfohlenen Produkte (s) abspeisen. Fragen Sie genau nach, welche Auswirkungen die Risiken auf das Produkt haben können. Was bedeutet das am Ende für Sie und Ihre finanziellen Verhältnisse? Was kann *schlimmstenfalls*, was *bestenfalls* passieren?
- Eine Antwort auf die Frage nach dem höchst- oder niedrigstmöglichen Anteil einzelner Anlageklassen in Ihrem Depot ist nicht unbedingt notwendig. Die Bank will Sie damit entweder in standardisierte Risikogruppen pressen – zum Beispiel konservativ, risikobewusst, wachstumsorientiert oder spekulativ – oder sich in ihrer Vermögensverwaltung einen Freibrief für alle möglichen Entscheidungen einholen. Außerdem ist es nicht notwendig, dass Risiko auf diese Weise klassifiziert wird. Ein Anleger stuft sich schon bei 20 Prozent Anleihen als risikobereit ein, ein anderer erst bei einem Aktienanteil von 80 Prozent.

– Werden Ihnen Produkte empfohlen, die nicht unter die Finanzinstrumente laut Wertpapierhandelsgesetz fallen, also nicht protokollpflichtig sind – insbesondere geschlossene Fonds und Bausparverträge -, seien Sie besonders aufmerksam und fragen Sie sich, weshalb wird mir gerade dieses Produkt empfohlen. Beim Kauf geschlossener Fonds sollten Sie in jedem Fall ein Protokoll verlangen!

– Die Gründe, warum eine Anlage empfohlen wurde, sollten ebenfalls stichhaltig, individuell und verständlich formuliert sein. Die Markterwartung des Kunden – so wie bei einigen Banken einfach angekreuzt wird, taugt wohl kaum als schlüssiger Grund für die Empfehlung einer Anlage *durch die Bank*.

– Ihre Wünsche, Prioritäten oder worauf Sie bei Ihrer Anlage besonderen Wert legen, sollten Sie unbedingt auf dem Protokoll ergänzen (lassen). Dazu gehört beispielsweise nicht nur die Sicherheit der Anlage, sondern auch die Sicherheit der Erträge aus der Geldanlage.

– Auf keinen Fall sollten Sie aus falsch verstandenem Ehrgeiz falsche Angaben machen oder Angaben ganz verschweigen. Dann kann die Bank oder der Vertreter immer sagen: Ja, wenn wir das gewusst hätten … Verzichten Sie nicht von sich aus auf die Risikoaufklärung oder Beratungs- und Informationsunterlagen, sonst haben Sie von vornherein keine Chance bei einer eventuellen Klage.

– Umgekehrt gilt jedoch: Angaben zur Aufteilung des Freistellungsauftrages oder zu eingeholten Verlustbescheinigungen gehören nicht zu den erforderlichen Informationen. Kein Protokoll schreibt vor, dass der Berater wissen muss, wann Sie **wo** wie viel Geld angelegt haben. Die Summe Ihres Vermögens insgesamt und Aussagen, in welchem Jahr Fälligkeiten zu erwarten sind, reichen für eine qualifizierte Empfehlung aus! Diese Protokolle sind nämlich eine ideale Quelle für alle Banken, um noch mehr

Kundeninformationen zu generieren.

– Seien Sie besonders ehrlich und kritisch bei der Frage: Mit welchen Anlagen, Anlageformen oder Anlageklassen haben Sie bisher Erfahrungen gemacht und seit wie vielen Jahren. Sagen Sie nicht einfach Ja, nur, weil Sie diese Anlageklasse schon einmal im Depot hatten. Denn die Bank zieht nur allzu gern für sich den Schluss daraus, der Kunde ist ausreichend darüber informiert. Auch wenn Sie tatsächlich über Investmentfonds nicht viel wissen, hatten Sie diese einmal gekauft, gelten Sie automatisch als »erfahrener Anleger« in Sachen Fonds. Lagen die Fonds einfach nur drei Jahre in Ihrem Depot, so sind Sie doch noch lange kein »Fondsexperte« oder erfahrener Anleger, der sich seitdem intensiv mit dem Thema Fonds auseinandergesetzt hat. Lassen Sie im Protokoll vermerken, dass Sie immer nur auf Anlageempfehlung gehandelt haben und vertreten Sie Ihren Standpunkt.

– Bestätigen Sie nicht leichtfertig, dass Sie auf Beratung verzichten und dass Sie über eventuelle Rückvergütungen an das Kreditinstitut informiert wurden. Dafür müssten Sie schon konkrete schriftliche Angaben oder ein entsprechendes Kostenblatt (Infoblatt oder Beipackzettel) des Produktes, aus dem auch die Rückvergütungen detailliert hervorgehen, erhalten haben. Nur, wenn Sie wirklich keine Beratung brauchen, erwerben Sie das Produkt auf eigenen Wunsch. Es spricht doch wohl Bände, dass bei einigen Banken unter Kauf- und Verkaufsaufträgen, die vom Kunden zu unterschreiben sind, nicht etwa steht: Der Kauf erfolgte auf ausdrücklichen Kundenwunsch. Nein, es steht da: Der Auftraggeber folgte nicht den Empfehlungen des Beraters! Darauf sollte sich jeder seinen eigenen Reim machen.

– Auch die Empfehlungen zum Verkaufen oder Halten eines Wertpapiers zählen zu den im Protokoll zu dokumentierenden Anlageberatungsratschlägen.

– Selbstverständlich sollten Sie das Beratungsprotokoll gründlich nachprüfen. Wenn die Bank mit zwei Unterschriften reagiert, sollten auch Sie einen neutralen Zeugen zur Hand haben.

– Darüber, ob der Kunde das Protokoll unterschreiben sollte, gibt es nach wie vor konträre Meinungen. Vorgeschrieben ist es nicht, das heißt, niemand kann Sie dazu zwingen. Ich gehöre nicht zu denjenigen, die sagen, mit der Unterschrift hat der Kunde das Protokoll und alles, was damit zusammen hängt, akzeptiert und damit jeden Klageanspruch verwirkt. Natürlich bestätigt der Kunde mit seiner Unterschrift, dass der Wortlaut des Protokolls richtig ist und der erfolgten Beratung entspricht. Aber deshalb müssen doch noch lange nicht die Risikoaufklärung und die ausgesprochene Anlageempfehlung richtig sein und zum Kunden passen. Achten Sie darauf, dass Sie nur dann, wenn Sie alles genau gelesen und geprüft haben, das Protokoll unterschreiben. Sind Sie mit etwas nicht einverstanden, ergänzen Sie unbedingt Ihren konträren Standpunkt, ansonsten unterschreiben Sie nicht! Weil ich glaube, dass es wenig Sinn macht, im Nachhinein dem Kreditinstitut noch einen abweichenden Standpunkt mitzuteilen. Kein Institut und kein Gericht wird ernsthaft ein Interesse an Massen von rückabgewickelten Geschäften haben. Deshalb bieten ja etliche Bankinstitute telefonische Beratungen gar nicht mehr an oder versuchen, ihre Kunden in die eigene standardisierte Vermögensverwaltung zu drängen, um so den Beratungsaufwand zu senken und die Protokollpflicht zu umgehen.

– Folgende oder ähnlich lautende Aussagen, die sich meist im Bereich des Kleingedruckten eines Beratungsprotokolls befinden, sollten Sie in keinem Fall unterschreiben, das kommt einer Haftungsfreistellung gleich:

  • Der Kunde trifft bei der Anlageberatung selbst die Anlageentscheidung über den Erwerb und/oder die Veräußerung von Wertpapieren.

  • Die Wertentwicklung des Depots und der einzelnen Finanzinstrumente überwacht der Kunde und nicht die Bank.

- Nehmen Sie das Protokoll bei Wertpapiergeschäften erst einmal mit nach Hause und lassen Sie nicht gleich nach der Beratung ordern.
- Wenn Sie ein Dritter nach bestimmten Bestandteilen des angebotenen Produktes, beispielsweise der Aufgliederung der Kosten oder dem Risikograd, fragt, müssen Sie es ihm genau erklären können, sonst haben Sie das, was Sie gekauft haben, nicht verstanden.

Durch das Beratungsprotokoll sollen die zahlreichen Fehlberatungen der Vergangenheit reduziert werden. Warum aber kommen zum gleichen Fehlberatungssachverhalt unterschiedliche Gerichtsurteile zustande? Vor allen Dingen kann man nie voraussehen, wie ein Gericht eine Tatsache bewerten wird. Dabei werden bei der Geldanlage immer wieder die gleichen Fehler gemacht. Ein Finanzdienstleister brachte es auf den Punkt: » Die Protokolle sind doch nicht für die Kunden da. Sie dienen dazu, uns abzusichern, um eventuelle Ansprüche unserer Kunden abzuwehren!« Und richtig: Je umfangreicher das Anlageberatungsprotokoll, desto besser ist der Anbieter abgesichert. Er hat nach allem möglichen gefragt, er hat über alle denkbaren Risiken aufgeklärt und hat alle zu erwartenden Auswirkungen beschrieben – Weiß das die Frau Verbraucherministerin nicht oder will sie es nicht wissen?

Nach wie vor schätzen viele Verbraucher das Risikoprofil, das Chance – Risiko – Verhältnis von Finanzprodukten falsch ein. Die Klagen im Zuge der vorherigen Finanzkrise waren zahlreich. Viele Kunden monierten, ihre Risikobereitschaft und das verkaufte Produkt hätten nicht zusammen gepasst, die Produkte wären viel zu riskant für ihre Risikotoleranz gewesen. Das war fraglos ein weit verbreitetes Problem, welches aus den Interessenkonflikten beim Verkauf von Finanzprodukten resultiert. Aber eine Frage blieb für mich offen: Wieso klagt eigentlich niemand aufgrund einer zu niedrigen

Risikoeinschätzung und der dadurch entgangenen Gewinne? Weil kein messbarer Schaden entstanden ist? Weil die Beweislage hier noch viel schwieriger läge?

Vieles von dem, was ab 2010 im Beratungsprotokoll verlangt wird, war bereits mit Einführung der MiFID (europäische Finanzmarktrichtlinie) seit November 2007 im Beratungsbogen laut Wertpapierhandelsgesetz enthalten und hatte beispielsweise auf die Zertifikatefehlberatungen keinerlei Auswirkungen. Daher glaube ich nicht, dass sich allein wegen der Protokolle die Beratungsqualität nachhaltig verbessern wird. Aber für Sie als Kunden ist es ein Ansatzpunkt, den Beratungsprozess genauer zu prüfen und kritischer zu begleiten.

Sachwerte zu Schnäppchenpreisen?

Nur, weil sie in allen Zeitungen steht, eine Talkshow nach der anderen sie sich zum Thema macht, muss morgen noch lange nicht zwingend die große Inflation folgen. Denn eine hohe Staatsverschuldung muss nicht zwangsläufig in einer Inflation enden. Wege zur Reduzierung der Staatsdefizite sind darüber hinaus die schwierige Haushaltssanierung durch Sparprogramme oder der gefürchtete Staatsbankrott. Bei der Begrenzung der Staatsdefizite kommt es auch darauf an, bei wem der Staat seine Schulden aufgenommen hat, bei Inländern oder Ausländern, Institutionen oder Privaten. Hohe Staatsschulden führen aber immer zu einem gebremsten Wirtschaftswachstum. Wenn Sie wissen wollen, was uns an Einschnitten, Kürzungen und Verzicht in den nächsten Jahren alles so bevorsteht, gibt es dafür einen wunderbaren »Indikator«. An Angela Merkels Gesicht können Sie immer ablesen, was als nächstes wirtschaftlich auf uns zukommt. Wenn Sie es etwas fundierter wollen: Beobachten Sie in den nächsten Monaten und Jahren genau, mit welchen Laufzeiten die Staaten, insbesondere der deutsche und der amerikanische, ihre Anleihen emittieren. Wird ein Großteil davon mit langen Laufzeiten am Markt untergebracht, nimmt die Gefahr einer großen Inflation real zu. Denn die hohe Staatsverschuldung trägt bereits den Keim der Inflation in sich. Inflation bedeutet immer Aufblähung der Geldmenge und damit Geldentwertung, die sich über Preissteigerungen äußert. Demnach ist Deflation genau das Gegenteil, nämlich Geldvernichtung, das heißt das Geld wird knapper, das widerspiegelt sich in fallenden Preisen. Aufgrund der Bankenrettungen ist die Staatsverschuldung in vielen Ländern zurzeit exorbitant hoch. Obwohl die Staatsverschuldung zum Beispiel in den USA bereits bei fast 100 Prozent des BIP liegt, und weiter Schulden gemacht werden, gibt es noch einen weiteren, gefährlichen, bemerkenswerten Fakt: Die amerikanischen Staatsschulden sind weiterhin kleiner als das Fremdkapital, mit dem Immobilien finanziert sind! **(16)**

Aber eins steht fest: Jede Deflation beginnt mit einer Inflation. Keine große Inflation endet ohne Deflation. Beides, Inflation wie Deflation, ist schlecht für die Wirtschaft und die Bevölkerung. Ich fürchte mich aber eher vor der Gefahr einer lang anhaltenden Deflation, die mit schmerzhaften Anpassungsprozessen in der Wirtschaft – mit Insolvenzen, der Vernichtung von Arbeitsplätzen und Vermögensverfall – einhergeht, nicht nur, weil derzeit kaum einer diese Gefahr ernst nimmt. Im Frühsommer 2010 ist die Auslastung noch niedrig, Preise und Löhne bleiben stabil, das Wachstum erhöht sich nicht nennenswert und die Nachfrage stagniert weiterhin. Wo soll da die große Inflation herkommen?

Außerdem kann es in einigen Bereichen durchaus inflationäre Tendenzen, in anderen Wirtschaftsbereichen dagegen deflationäre Tendenzen geben. Schulden können aber immer nur durch eine Vernichtung von Geld (Deflation) aufgrund von Gläubigerverzicht wirklich abgebaut werden. Davor fürchtet sich auch der Staat, denn nur in einer Deflation könnte er Bankrott gehen. Er wird das mit allen Mitteln der Notenbanken zu verhindern versuchen. Und wenn die Wirtschaft bedingt durch die geldpolitische Stimulierung richtig anspringt oder durch die ständig überreichliche Liquidität sogar überhitzt, droht irgendwann doch Inflation. Was nicht so schlimm wäre, würde die Inflation beherrschbar bleiben. Die Frage ist nur, schaffen das die Verantwortlichen und wie erreichen sie es.

Welche Rolle spielt die Angst vor Inflation beim Absatz von Finanzprodukten?

Angst ist das wesentlichste Verkaufsprinzip in der Finanzbranche. Das fängt an mit solchen »harmlosen« Sachen, wie: »Kommen Wohnungseinbrüche während der Zeit des Urlaubs tatsächlich so häufig vor«, wurde ein Versicherungsexperte in einer Werbebeilage der auflagenstärksten mitteldeutschen Zeitung gefragt. Der Direktor eines Versicherungsunternehmens antwortete, dass in Deutschland alle 15 Sekunden in eine Wohnung eingebrochen wird und dieses natürlich sehr gerne während der Zeit, wo die Einbrecher ungestört sind, also keiner zu Hause ist. Aber ja, was wird denn ein Anbieter von Hausratversicherungen auch anderes sagen? Und es endet mit der Schlagzeile: Retten Sie Ihr Vermögen vor der großen Inflation! Die Menschen haben Angst um ihr Geld (sogar die, die gar keines haben) und das lässt sich gut vermarkten. Ein bisschen Wahrheit ist ja immer mit dabei. Nur: Panik und Euphorie sollten Sie aus Ihren Geldanlageentscheidungen heraushalten und das nicht bloß an der Börse. Heerscharen von Immobilienverkäufern und Goldanbietern, Fonds – und Kunsthändlern ziehen seit geraumer Zeit durch das Land und versuchen, ihre teils fragwürdigen Produkte abzusetzen. Die Deutschen haben in einem Monat (Mai 2010) mehr Gold gekauft als die Inder, die Chinesen oder die Amerikaner.

»Kaufen Sie Währungsgold!« Was ist damit gemeint? Entweder handelt es sich bei Gold um einen Rohstoff oder es trägt Währungscharakter. Die An- und Verkaufsspannen für Gold und Silber sind jetzt besonders hoch. Goldankäufer versprechen, Gold und Schmuck noch zu Höchstpreisen anzukaufen – ganz einfach und bar auf die Hand, sogar per Post! Und man soll sich beeilen, denn: Der Preis kann bald wieder fallen! Da frage ich mich ernsthaft, ja, warum will er dann das Gold noch haben?

Als Renditeobjekt taugt Gold ohnehin nicht. Es wirft keine Zinsen ab, unterliegt Währungs- und Preisschwankungen, weil es in Dollar gehandelt wird, nicht beliebig vermehrbar und wertbeständig ist. Außerdem muss es vernünftig gelagert werden. Zwischen 1980 und 2000 sank der Goldpreis in der Tendenz nur, von ca. 850 auf 250 USD pro Feinunze. Wenn der Goldpreis wie in den letzten Jahren sehr hoch angestiegen ist, verbietet sich allein dadurch jede Spekulation auf eine hohe Rendite. Wer die allgemein empfohlenen zehn Prozent des Gesamtvermögens in Gold investiert, dem dient das lediglich einer Absicherung für alle Fälle, falls die Inflation in einigen Jahren tatsächlich ausufern sollte. Vor Währungsentwertung schützt Gold aber in jedem Fall, Gold in kleinen Mengen zu besitzen, kann also kein Fehler sein.

»Nehmen Sie wegen der Inflation Kredite auf, diese entwerten sich dann.« Ich kaufe mir doch nicht heute deshalb ein Haus auf Kredit, weil in fünf Jahren möglicherweise eine Hyperinflation droht, sondern weil ich das schon lange vorhatte, die Zinsen jetzt besonders niedrig und die Kreditraten für mich tragbar sind. Und nicht jede Immobilie ist das Schnäppchen, als das sie heute angepriesen wird. Viele Objekte werden überteuert angeboten. Mehr als alles andere kommt es auf die Lage der Immobilie an, sofern Sie von Immobilienpreissteigerungen ausgehen – ob mit oder ohne Inflation.

Behalten viele Wirtschaftsexperten Recht, dann müsste in ein paar Jahren eine Inflation jenseits der zwei oder drei Prozent eintreten. Für diesen Fall sollte eine Investition in Sachwerte – wie Grund und Boden, Gebäude, Aktien, Gold und andere Rohstoffe oder Kunst – sowie gegebenenfalls in inflationsgeschützte Anleihen der reinen Geldwertinvestition vorgezogen werden. Denn der Wertverlust dieser Anlagen wird im Allgemeinen in einer Phase hoher Inflation wesentlich geringer als der Geldwertverlust ausfallen. Es kommt dabei auf die sorgsame Auswahl an, um die Wertverlustmöglichkeiten so gering wie möglich zu halten. Ein Allheilmittel gegen Inflation sind sie alle nicht.

Bei den Absatzbemühungen der Verkäufer innerhalb und außerhalb der Banken stehen derzeit geschlossene Fonds im Mittelpunkt, vor allem geschlossene Immobilienfonds liegen voll im Trend. Um Ihnen einmal ein Gefühl für die Relationen in diesem Sektor der Finanzbranche zu vermitteln, hier ein Beispiel: Es gibt immer wieder solche Meldungen wie am 14.04. 2010 unter www.n-tv.de, nach der ein geschlossener Immobilienfonds der US-Bank Morgan Stanley über 60 Prozent seines Wertes verlor, der größte Verlust in der Geschichte der Beteiligungsbranche. Rund 22 Prozent Rendite wurden einst den Anlegern aus den Transaktionen mit Geschäftsimmobilien auf der ganzen Welt in Aussicht gestellt. »Allein 2007 verdiente Morgan Stanley Akquisitionsgebühren von 104 Millionen Dollar, 22 Millionen Dollar an Fondsmanagement-Gebühren, 13 Millionen Dollar an Finanzierungsgebühren, 36 Millionen Dollar an Immobilienmanagement-Gebühren und weitere 21 Millionen Dollar an Finanzberatungsgebühren«. (17)

Was viele bei den großartigen Angeboten übersehen: Es handelt sich um unternehmerische Beteiligungen mit einer langen Bindefrist und nicht um eine andere Art von Investmentfonds. Ein Beispiel aus meiner Beratungspraxis belegt das, ein besonders krasser Fall von Abzockerei und Verblendung. Oder war es vielleicht doch Gier? Anleger ist der adrette Herr S., ein so genannter junger Mann in den besten Jahren, ca. 45 Jahre. Er hat Probleme mit seinem geschlossenen Private-Equity-Fonds (Fonds für Beteiligungskapital; außerbörsliches Eigenkapital). Mit der Beteiligung an jungen, unbekannten Biotechnologiefirmen soll der ganz große Gewinn gemacht werden. Wenn sich der Wert des Beteiligungskapitals ordentlich erhöht hat, werden die Anteile an diesen jungen Entwicklungsfirmen, meist nach fünf bis acht Jahren, wieder veräußert – so die Theorie. Dabei kommt es vor, dass vom gleichen Fondsbetreiber verschiedene Folgevarianten aufgelegt werden, von denen in den ersten ein hoher Gewinn ausgeschüttet wird, um noch mehr Anleger und Kapital anzulocken. In den folgenden Tranchen dann nicht mehr. »Wie sind Sie überhaupt an diesen Anbieter gekommen?«, fragte ich ihn, »so vermögend, dass Sie wirklich steuerliche Probleme haben, sind Sie doch gar nicht.« »Mein Steuerberater hat mir das empfohlen! Er sei sehr zufrieden mit der Anlage, das würde viel bringen, deswegen hat er es auch nur seinen Mandanten weiterempfohlen.« Das übliche: Vermittlung fragwürdiger Angebote über vermeintlich seriöse Zwischenvermittler, die keinesfalls schlecht daran verdienen. Steuerberater und Rechtsanwälte arbeiten mit Vermittlern geschlossener Fonds zusammen, obwohl das nicht zu ihrem ureigenen Geschäftsfeld gehört.

Dieser Normalanleger S. hatte über 50 Prozent seines Vermögens in einen solchen geschlossenen Fonds investiert – Venture-Capital (Risiko- oder Wagniskapital) mit sehr hohen Risiken! Und das, obwohl im Prospekt der vorgeschriebene Hinweis nicht fehlte, dass ein einzelner Anleger nicht mehr als 15 Prozent seines verfügbaren Vermögens für diese Anlageart einsetzen sollte! Als Rendite für 10 Jahre wurde ihm vom Fondsverkäufer eine Vervier- bis Verfünffachung seines angelegten Betrages versprochen und das bei einer Kostenquote von 25 Prozent! Die Antwort des Anlegers an den Vermittler war: «Ach, bleiben Sie mal auf dem Teppich, eine Verdopplung bis Verdreifachung reicht mir schon!«

Wie soll bei einer Investition von nur 75 Prozent des angelegten Kapitals (die anderen 25 Prozent wandern in die Taschen der Initiatoren, Fondsgründer und Vertriebsleute) eine Vervierfachung oder Verfünffachung des Kapitals in 10 Jahren mit legalen Mitteln herauskommen? Einige Fondsmodelle können brutto, also ohne Kosten und Erfolgsbeteiligungen, eine höhere Rendite als am Aktienmarkt erwirtschaften. Das ist schon sehr gut, aber das sind nur ganz wenige! Wie will der Normalanleger das genau beurteilen? Es gibt sogar geschlossene

Fonds, die nur deshalb gegründet werden und Kapital einsammeln, um anschließend planmäßig in die Insolvenz zu gehen.

»Ja, haben Sie denn vor Ihrer Unterschrift nicht einmal einen Blick in den Verkaufsprospekt geworfen? Da hätten Ihnen doch die hohen Kosten, die ewig lange Laufzeit und dass das Management sowohl für die Anlage der Mittel, als auch für Kontrolle und Abrechnung in Personalunion verantwortlich ist, auffallen müssen!« Zu diesem Zweck werden oftmals personell miteinander verflochtene Tochtergesellschaften gegründet, meist in Form einer GmbH & Co. KG, die ein lächerlich geringes haftendes Eigenkapital einbringen müssen und in der jede weitergehende Haftung per Gesetz oder im Gesellschaftervertrag ausgeschlossen ist.

Ich wusste, ich saß keinem unerfahrenen, ungebildeten Anleger gegenüber. Herr S. war Versandleiter bei einer bekannten Großhandelsgesellschaft. Jetzt brauchte er aus privaten Gründen Geld und bekam natürlich keines, da es für seine Anteile keinen Zweitmarkt zum Handeln gab. Wer sollte ihm die Anteile auch abkaufen? Es war ihm aber immer noch nicht bewusst, dass er frühestens in zehn Jahren an sein Geld wieder herankommt, falls es dann noch da ist. Er hatte irgendwo auf Seite 14 des Verkaufsprospektes etwas von Kündigung gelesen und war davon ausgegangen, dass es eine Kündigungsmöglichkeit wohl immer geben werde – bei geschlossenen Fonds oder Beteiligungen eben nicht. Und zusätzlich eingezahlt hatte er auch noch, über dieses monatlich eingezahlte Geld bestand erst nach 20 Jahren eine Verfügungsmöglichkeit. Zu allem Überfluss kreuzte er auf dem Informations- und Gesprächsprotokoll des Vermittlers an: »Ich benötige keine Beratung, ich möchte keine Angaben machen!« Da hat er dem Vermittler doch einen Freibrief ausgestellt! Wie will er damit jemals auf Falschberatung klagen?

Ich ärgere mich schon seit langem darüber, dass der Gesetzgeber für diese besonders riskanten und erklärungsbedürftigen Anlagen immer noch keine verbindlichen Regelungen zur Beratung geschaffen hat. Dem Vermittler ist keine Prüfung auferlegt, ob diese Anlage auch für den Käufer von seiner Risikoeinstellung **und** Risikotragfähigkeit sowie seiner Erfahrung her geeignet ist. Es kann doch nicht sein, dass die an diesen Finanzprodukten gut verdienenden Verkäufer nur eine Informationspflicht haben und nicht ermitteln müssen, ob die vorgeschlagene Anlage für den Kunden geeignet **und** angemessen ist. Diese Produkte zählen weder zu den Finanzinstrumenten noch werden die freien Vermittler beaufsichtigt, ihre Qualifikation oder Haftung wird nicht überprüft. Jeder Vorstoß in dieser Richtung blieb bisher erfolglos. Wie viele Vermögensschäden und Falschberatungen müssen denn noch auftreten?

Wenigstens bestand für Herrn S. keine Nachschusspflicht bei Verlusten wie sie bei anderen Fonds üblich ist. Das heißt, Herr S. muss kein zusätzliches Kapital bereitstellen, wenn sich die Anlage nicht so entwickelt wie erhofft. Für die Investitionen in die Wagnisunternehmen wurde zum Glück nur das geworbene Eigenkapital eingesetzt und nicht noch hohe Kredite aufgenommen, um die Rendite zu »hebeln«, sprich um ein Vielfaches anzuheben. Bei den meisten Fonds sieht das anders aus.

Tja, auch wenn Herr S. es nicht so richtig wahrhaben wollte, es bleibt ihm nichts anderes übrig, als zu hoffen, dass er am Ende sein Geld wieder bekommt – mit Glück auch etwas mehr. Bis dahin werden aber noch etliche Jahre vergehen. Und das Geld, welches er jetzt benötigt, muss er sich nun auf anderen kostspieligen Wegen beschaffen. Eine Klage gegen den Vermittler war aussichtslos, darüber würde sich nur ein unseriöser Rechtsanwalt freuen, dem mehr an seinen Gebühren als am Mandanten liegt.

Woher er das Geld am besten nehmen sollte, darüber wollte sich Herr S. aber nicht mehr beraten lassen. Erstens war ihm eine Stunde Beratung zu bezahlen schon zu viel: »Ich bin kein Großverdiener und habe eine Frau und zwei kleine Kinder zu versorgen. Außerdem, ich muss sowieso mal wieder bei meinem Bankberater vorbeischauen. Ich werde schon darauf achten, dass er mich kostenlos u n d gut berät. Ich lasse nicht alles mit mir machen!« Aha. Und noch ein Grund war, das wusste ich aus Erfahrung, die Ratsuchenden wollten um keinen Preis einen vollständigen Einblick in die Höhe und Struktur ihres Vermögens geben. Mit dem Verschweigen wesentlicher Tatsachen wird allerdings Fehlberatungen Tür und Tor geöffnet. So kann beispielsweise das beste Anlagekonzept mit Anleihen und/oder Aktien auch in einer günstigen Marktphase ein gefährlicher Ratschlag sein, wenn der Reichtum des Kunden zu 60 Prozent auf aufgenommenen Darlehen beruht. Ist das dem Berater nicht bekannt, kann das genauso falsch sein, wie ein langfristiges Versicherungssparen, ohne dass der Kunde über ein gesichertes, regelmäßiges Einkommen verfügt.

Geschlossene Fonds und Zertifikate werden deshalb so gern verkauft, weil die Banken und Finanzdienstleister damit am meisten verdienen, am wenigsten verdienen sie mit ETF`s. Die reinen Vertriebsprovisionen bei geschlossenen Fonds liegen zwischen 6 und 10 Prozent, beim ETF (börsengehandelter, passiv verwalteter Investmentfonds) wird keine Vertriebsprovision an die Produktverkäufer gezahlt. Die Gesamtkostenquote bei geschlossenen Fonds liegt meist zwischen 15 und 30 Prozent, bei ETF`s zwischen 0,15 und 2,15 Prozent (die obere Grenze gilt für ETF`s auf exotischen Märkten). Natürlich muss man dabei die Langfristigkeit einer Investition in geschlossene Fonds beachten. Deshalb hier noch ein Vergleich mit der Gesamtkostenquote (TER) von herkömmlichen, aktiv gemanagten Investmentfonds, die zwischen 1,5 und 4 Prozent liegen kann. Allerdings fehlen bei diesen Fonds in den »Gesamtkosten« die Kosten für Kauf und Verkauf der Wertpapiere, der Ausgabeaufschlag und erfolgsabhängige Vergütungen!

ETF`s sind also unschlagbar kostengünstig sowie als Sondervermögen sicher und versuchen erst gar nicht, das Versprechen einer besseren Wertentwicklung als der Index abzugeben, was sowieso nicht ständig einzuhalten ist. Obwohl bei ETF`s ebenfalls das rechtzeitige Kaufen und Verkaufen wichtig ist, werden diese passiven Indexfonds bei Anlegern immer beliebter. Das haben in der letzten Zeit auch die Banken und Fondsgesellschaften erkannt und versuchen, über die Umgestaltung der Inhalte dieser Fonds von den wenig vertriebsfreundlichen Produkten zu profitieren. Deshalb sollten sich die Anleger über die Kosten und den Inhalt der ETF`s genau informieren. Denn inzwischen sind die Zeiten längst vorbei, in denen der Emittent (Herausgeber) einfach durch das Kaufen aller darin enthaltenen Aktien einen Index nachbildete. Die ETF`s sind teilweise schon besorgniserregend intransparent geworden. In einem ETF auf den DAX können zum Beispiel 75 Prozent japanische, 15 Prozent amerikanische und nur 10 Prozent deutsche Aktien stecken. Mit dieser Zusammensetzung kann man durch Tauschgeschäfte die Wertentwicklung des DAX nachbilden. Es gibt ETF`s mit Fremdkapitalhebel, mit Swaps und anderen Derivaten, mit Wertpapierleihe und ganz anderen Papieren im Fonds, als man aus dessen Bezeichnung schließen könnte. Dann verdient die Bank eben an den im ETF enthaltenen strukturierten Wertpapieren und nicht am Ausgabeaufschlag. Durch den Tausch der Wertentwicklung des fast vollständig ausländischen Aktienkorbes in die Entwicklung des DAX mit Hilfe eines Swap – Partners können für den einzelnen Anleger Verluste und für die Bankbranche insgesamt unbeherrschbare Risiken entstehen, wenn ein Handelspartner ausfällt. Ob in einer Krise immer ausreichende Liquidität in den ETF`s vorhanden ist, wird später erst noch getestet werden. Hoffentlich wird hier in der Zukunft nicht wieder eine neue (Mode-) Blase für Privatanleger geschaffen wie sie jetzt schon bei den Preisen der verschiedensten Sachwerte in den nächsten Jahren zu befürchten ist.

Lehren aus der Finanzkrise

Die Frage, ob die Banken sich geändert, ob sie Lehren aus der Finanzkrise gezogen haben und sich die Beratung der Normalanleger verbessert hat, ist ziemlich eindeutig bereits beantwortet – nur in einzelnen Punkten und insofern, dass die leitenden Banker, gleich welcher Unternehmensgruppe sie angehören, öffentlich nicht mehr so von oben herab auftreten und mehr Demut an den Tag legen. Ansonsten hat sich nichts geändert. Wie sollte es auch? Es hat sich nichts an den Eigentumsverhältnissen geändert, ebenso wenig wie an Art und Umfang der Geldschöpfung. Es hat sich nichts am Auftrag, an den Verbindungen und Verflechtungen sowie am Geschäftsmodell der Banken geändert. Dieses lautet wie bei allen anderen Unternehmen auch, aus dem Geschäft – das ist nun einmal bei Banken das Anlegen, Verleihen und Handeln mit Geld und den daraus entwickelten Produkten – den maximalen Gewinn herauszuholen. Aber da gibt es ja gerade die Banken, die im öffentlichen Auftrag arbeiten, die Sparkassen und Landesbanken. Die haben zum Großteil nicht so viele Lehman–Zertifikate verkauft wie die Privatbanken, sie vergeben auch mehr Kredite an die gewerbliche Mittelschicht. Und nach Ansicht von Sparkassenpräsident Haasis beraten sie aufgrund der Finanz – Checks auch viel bedarfsgerechter. Bisher hat ein Kunde noch nie seine Einlagen bei Sparkassen verloren, mein Geld ist ja dort viel sicherer als bei anderen Banken. Unterscheiden sich die Sparkassen deshalb so im Vertrauen der Kunden von den privaten Banken, wie es sich in ihrem hohen Marktanteil widerspiegelt? Oder genießen sie mehr Vertrauen, weil sie besser sind, weil sie bedarfsgerecht beraten? Weil sie weniger Zertifikate verkauft haben?

Nein – sie funktionieren wie jede andere Bank auch. Sie nutzen die gleichen Instrumente wie die anderen Banken. Sie haben sogar mehr Zertifikate verkauft als jede andere Bankengruppe! Nur eben nicht die von privaten, sondern von öffentlich-rechtlichen Emittenten, den Landesbanken wie der HSH Nordbank, der Bayern LB, der LBBW, der Sachsen LB und weiterer Landesbanken. Die Zertifikate tragen teils so wunderschöne Namen wie Sunshine Anleihe, Optimum Anleihe, Zuwachsanleihe, Dax – Deluxe Anleihe, Maxi – Zins – Anleihe, Inflationsanleihe oder 10-Karat-Anleihe. Sie sind jedoch nichts anderes als ein Lehman – Zertifikat, nämlich eine Wette auf Entwicklungen und Kursveränderungen von Zinsen, Aktien, Aktienkörben oder Indizes. Mittlerweile sind die Hälfte des Volumens des Zertifikatemarktes Produkte, die nicht Zertifikate heißen und als solche nicht einfach erkennbar sind. Die FAZ schrieb dazu: » So berichten Bankberater, dass ein Absatz von Zertifikaten in der Filiale fast nur noch möglich sei, wenn es sich dabei um Stufenzinsanleihen, Garantieanleihen oder Aktienanleihen handelt. Rechtlich gesehen sind diese Papiere zwar genau wie Zertifikate im Insolvenzfall der emittierenden Bank nicht geschützt – dem Anleger droht ebenso unabhängig von der Entwicklung des Zertifikats ein Totalverlust. Gleichwohl äußern die Vertriebsmitarbeiter der Banken, dass der Begriff Anleihe nicht die Abwehrreaktion der Kunden hervorrufe, wie sie in vielen Fällen bei Zertifikaten noch zu beobachten sei.« (18)

Sparkassen haben in ihren Beratungsprotokollen und Wertpapier – Selbstauskünften extra für diese Zertifikate eine eigene »Produktkategorie« geschaffen, die es eigentlich gar nicht gibt, sie werden als »verzinsliche Wertpapiere mit erhöhter Risikostruktur« bezeichnet. So wird davon abgelenkt, dass Aktien- oder Garantieanleihen nichts anderes als strukturierte Produkte, nämlich Zertifikate, sind.

Die meisten Landesbanken wären längst pleite und das Geld ihrer Anleger genauso wie bei Lehman verloren, wenn … – ja, wenn nicht die Länder die Träger und die Sparkassen die Anteilseigner der Landesbanken wären. Das bedeutet nichts anderes, als das jeder Steuerzahler, egal, ob Sparkassenkunde oder nicht, im Ernstfall diese Institute mit auffängt und vor der Insolvenz rettet. Die Pleite einer kleinen Sparkasse wie beispielsweise 2009 der Sparkasse Südholstein oder 2010 der Nord-Ostsee-Sparkasse konnte von den zusätzlichen Stützungsfonds der Landesbanken, Bausparkassen und Sparkassen verhindert werden und bekommt nur regional Aufmerksamkeit. Aber alle Verbindlichkeiten der Landesbanken und Sparkassen, die seit dem 19.07.2005 herausgegeben wurden und alle Verbindlichkeiten, die ab dem 01.01.2016 fällig werden (sofern nicht vor dem 18.07.2001 emittiert), sind nicht mehr durch die Gewährträgerhaftung (Haftung des öffentlichen Trägers für Kundenforderungen) und seit 2001 generell nicht mehr durch die Anstaltslast (Gewährleistung der Funktionsfähigkeit der öffentlichen Einrichtungen und Unternehmen) abgesichert. Diese Tatsache ist vielen Anlegern überhaupt nicht bewusst. Kein Mensch weiß zum Beispiel, wem die WestLB im Jahr 2016 eigentlich gehören wird. Auch eine Abwicklung oder Privatisierung wäre möglich, denn sie muss bis Ende 2011 aufgrund einer EU – Auflage verkauft werden.

Diese Zeilen sollen Sie anregen, sich mit Ihren Forderungen gegenüber Sparkassen oder Landesbanken, die Ihnen von Ihrer Sparkasse verkauft wurden, einmal genauer unter dem Aspekt der Sicherheit zu befassen, insbesondere den so genannten Garantieprodukten und Garantieanleihen. Überlegen Sie, ob Ihnen ein kleiner Zinsaufschlag das größere Risiko wirklich wert ist. Um nicht missverstanden zu werden, Privatbanken sind zu einseitig profitorientiert und manches Sponsoring der Sparkassen, (ausgenommen jenes für Medien, Messen und Verbraucherverbände) sowie ihre Dienstleistungen sind unverzichtbar. Diese Zeilen sind kein Plädoyer für die Abschaffung des öffentlich – rechtlichen Bankensektors. Ein Urteil darüber, ob Sparkassen und Landesbanken gebraucht werden, sollte dem Wettbewerb, dem Markt und letzten Endes dem Kunden überlassen bleiben. Die Sparkassen sind genauso eine Universalbank wie alle anderen auch, nur mit anderen Anteilseignern, nicht die besseren oder schlechteren Banker und die Alternativen sind keineswegs kundenorientierter.

Für die Beurteilung der Bonität der großen Privatbanken und der Landesbanken als den wesentlichen Zertifikateemittenten finden Sie einen Anhaltspunkt auf der Internetseite www.deutscher-derivate-verband.de. Unter Transparenz bei Credit Ratings und Credit Spreads (Spanne, Differenz zwischen An- und Verkaufskurs) werden die Einschätzungen von Rating – Agenturen und die jeweils vom Markt beurteilten Kreditausfallprämien für Banken regelmäßig veröffentlicht.

Bei den Versicherungsprämien für Kredite an die Banken gilt: Je niedriger dieser Wert ist, desto besser schätzen die Experten die Bonität der Bank ein. Dieser Wert sollte unter dem Durchschnittswert aller Banken liegen.

Bei den Ratings verhält es sich so: Je eher der Buchstabe des Ratings im Alphabet vorkommt, desto weniger Gefahr droht. Zwei Buchstaben sind besser als einer, ein Rating mit Plus ist besser als eines ohne Zeichen oder eines mit Minus. Diese Angaben sind zwar kein hundertprozentiger Schutz gegen Zahlungsausfälle bei Banken, aber bereits ein wichtiger Anhaltspunkt.

Ein besonderes Problem stellen bei der Insolvenz einer Bank nicht nur die bereits behandelten Zertifikate dar, sondern das betrifft auch normale Anleihen wie Inhaberschuldverschreibungen, ob fest oder variabel verzinst, sowie die so genannten Spar(kassen)briefe mit Nachrangabrede. Viele Anleger wissen dies nicht. Das wurde vor und während der Krise von den regionalen wie von privaten Bankhäusern weidlich beim Verkauf ausgenutzt. Unter anderem war das auch der Tatsache zu verdanken, dass viele Berater beim Verkauf im Wertpapierbereich vorsichtiger mit Zertifikaten geworden sind. Dafür wurde der Verkaufsdruck bei den anderen Produkten größer.

Nur den wenigsten Kunden ist bewusst, was dieses »mit Nachrangabrede« bedeutet. Dieser Spar- oder Sparkassenbrief – auch beworben mit Kapitalbrief, Vermögensbrief, Wachstumssparbrief – ist im Gegensatz zum normalen Sparbrief (ohne Nachrangabrede) nicht durch den Einlagensicherungsfonds gedeckt. Es kommt also nicht auf den Namen, sondern auf dessen Zusatz an, der nicht nur irgendwo im Kleingedruckten versteckt sein sollte. Deshalb hat bei diesen Produkten die Einschätzung der Bonität der herausgebenden Bank eine große Bedeutung. Denn im Falle der Insolvenz des Kreditinstitutes können die Sparbriefgläubiger leer ausgehen, weil sie erst nach allen anderen Gläubigern, eben nachrangig, ausgezahlt werden. Sollten Sie sich ein Bankbonitätsurteil nicht zutrauen, kaufen Sie lieber keinen Sparbrief mit Nachrangabrede. Fragen

Sie auf jeden Fall Ihren Berater danach, falls er dieses nicht, wie eigentlich selbstverständlich, von sich aus erläutern sollte.

Die öffentlich-rechtlichen Kreditinstitute sind also seit 2005 den gleichen Regeln für den Insolvenzfall wie private Kreditinstitute unterworfen. Ihre Gläubiger werden somit in ihrer Position denen privater Kreditinstitute gleichgestellt. Wer möchte abschätzen, was bei der nächsten, eventuell sogar größeren Krise als von 2008 bis 2010 passiert? Werden die regionalen und überregionalen Stützungsfonds dann ausreichen? Müssen die Haushalte der Länder, Städte und Gemeinden wieder einspringen?

Genau die gleichen Fragen muss man natürlich auch den privaten Banken stellen. Sie sichern zwar Millionen Euro pro Kunde ab, aber diese sind nicht tatsächlich durch die Mittel im Einlagensicherungsfonds gedeckt, sondern stehen nur auf dem Papier und werden nach dem haftenden Eigenkapital berechnet. Was, wenn große Privatbanken bei ihren Spekulationen auf dem falschen Fuß erwischt werden oder ein von ihnen aufgelegter Hedgefonds pleite geht, für den sie haften müssen? Nach der Finanzkrise gibt es noch weniger Banken am Markt. Noch größere Finanzeinheiten haben sich gebildet und noch weniger Spekulanten mit viel mehr Macht, sprich viel mehr Geld und riesigen Bilanzsummen, sind am Markt vertreten. Global sind Finanzströme sowieso, die Gefahren, die von ihrer Aufblähung und Fehlleitung ausgehen, werden immer größer. Deshalb sind die Regulierung der Banken und eine Stärkung ihrer Eigenkapitalbasis, und zwar des gesamten Bankensektors, dringend notwendig.

Für den Schutz der Sparer versucht die EU-Kommission mehr Rechtssicherheit zu schaffen, indem sie eine einheitliche gesetzliche Entschädigungshöhe von 100.000 Euro für Spareinlagen einführen will. Das soll durch höhere Bankbeiträge an den Entschädigungsfonds geschehen. Mal sehen, wie weit die Bankenlobby die Erhöhung dieser geforderten Beiträge noch verringern kann. Sparkassen und Genossenschaftsbanken fühlen sich durch diese geplanten Regelungen der EU – Kommission benachteiligt, teilweise nicht zu Unrecht. In guten Zeiten überweisen die Sparkassen ja einen Gewinn an ihre öffentlich-rechtlichen Träger und die Genossenschaftsbanken an ihre Mitglieder. Der große Vorteil beider Bankengruppen besteht in der kleinteiligen Zersplitterung ihrer Organisation in viele Institute, die einerseits wegen ihrer Größe vor hochriskanten internationalen Spekulationen weitestgehend geschützt sind, und ihnen andererseits regionale Kenntnisse und einen regionalen Bezug erlaubt, den große Institute in diesem Umfang nicht haben. Sie ermöglicht auch deren Institutssicherungssystem und die von der Öffentlichkeit fast unbemerkten Rettungen von Sparkassen und Genossenschaftsbanken vor der Insolvenz.

Fällt eine nicht mehr durch Konjunkturprogramme und Haushaltsmittel zu schulternde Summe aus, sind die Auswirkungen nicht einzuschätzen. Dann könnten wir – die heute 40- bis 55- jährigen – die Generation sein, die noch kurz vor ihrer Rente mit einer Hochinflation oder gar einer Währungsreform bestraft wird. Haben wir uns das durch unser maßloses Streben nach immer neuen Bedürfnissen und grenzenlosem Wachstum selber zuzuschreiben? Eigentlich ist die mittlere Lebensphase die bescheidenste Phase im Leben eines Menschen. Die Jugend wird besonders gefördert, sie darf Spaß haben, anders sein und sich Fehler leisten. Ihr wird alles verziehen, weil ihr das Leben ja noch bevorsteht und sie keine großen Erfahrungen hat. Die Älteren dürfen sich von einem anstrengenden arbeitsreichen Leben ausruhen, haben (noch) eine gesicherte Rente und müssen keine Pensionskürzungen in Kauf nehmen. Auch ihnen wird alles verziehen, sie dürfen sogar ungestraft beleidigen, weil sie ja so vieles schon geleistet haben. Und die mittlere Generation? Die darf arbeiten und schuften und sich um beide Generationen ausgiebig kümmern. Nein, bedauernswert ist die mittlere Generation nicht, weil sie (hoffentlich) noch im Vollbesitz ihrer Kräfte ist und auch einmal zu den Jungen gehörte beziehungsweise zu den Alten zählen wird. Aber ich frage mich schon, wer kümmert sich einmal speziell um diese Leute und versucht, ihnen das Leben zu erleichtern? Welche Lobby haben die Menschen, die gestern jung waren und morgen alt sind, und die im Durchschnitt für sich am wenigsten Zeit und Geld haben, um die Früchte ihrer Arbeit zu genießen?

Die Gewerkschaften, die für Lohnerhöhungen und verbesserte Gesundheitsmaßnahmen eintreten? Wie beispielsweise die Vereinte Dienstleistungsgewerkschaft ver.di, die für den Bereich der privaten und Landesbanken zuständig ist und in einer Pressemitteilung vom 10.06.2010 auf ihrer Internetseite lobt:

»Es ist uns gelungen, eine Vereinbarung zum Arbeits- und Gesundheitsschutz zu erzielen, die bessere Voraussetzungen für die Arbeits- und Gesundheitsbedingungen der Beschäftigten schafft. Damit sollen unter anderem Führungskräfte dazu angehalten werden, den Druck auf die Beschäftigten zu verringern. Die Ziele sollen fair, erreichbar und unter Berücksichtigung der Kundenbedürfnisse formuliert sein, betont ver.di-Bundesvorstandsmitglied Uwe Foullong. Die Vereinbarung beinhalte Grundlagen, um Fehlbelastungen zu überprüfen und Beratung kundenorientiert zu gestalten. Das sei ein erster wichtiger Schritt, um den krankmachenden Druck abzubauen und den Beschäftigten angemessene Gestaltungsspielräume einzuräumen. Durch ein erneuertes Rationalisierungsschutzabkommen konnten ein verbesserter Schutz vor betriebsbedingten Kündigungen sowie verbesserte Beschäftigungssicherungsmaßnahmen festgeschrieben werden. So wurden die Altersteilzeit und die 31-Stunden-Regelung bis Ende 2014 verlängert, die Vorruhestandsregelung bis Ende 2012.«

Betriebsbedingte Kündigungen konnten aber nicht ausgeschlossen werden und dass diese Regelungen nur die älteren Mitarbeiter betreffen, ist wohl jedem klar. Nämlich die Berater, die sich im Allgemeinen die meisten Gedanken über ihre Kunden machen.

Der Verkaufsdruck macht ja nicht einmal vor dem genossenschaftlichen Bankensektor Halt, in dem die einzelnen Bankeinheiten noch viel kleiner und weiter verstreut sind als im Sparkassensektor und deren Geschäftsziel darin besteht, für Ihre Mitglieder eine möglichst hohe Ausschüttung zu erwirtschaften. In meiner Praxis als selbständige Honorarberaterin habe ich dazu ein besonders erschreckendes Beispiel von Fehlberatung gefunden. Solche Beispiele, die mir in meinem Büro vorgelegt werden, machen mich wütend und fassungslos. Einer 85-jährigen Dame wurden ihre gesamten Ersparnisse – 80.000 Euro – in zwei Versicherungen angelegt! 65.000 Euro, die sie an eine gute Bekannte vererben wollte, in eine Rentenversicherung mit Depot und einer 12–jährigen Laufzeit und 15.000 Euro in eine Sterbegeldversicherung! Alles mit dem Argument, da könne sie doch Steuern sparen! Die Einzahlung fand im Dezember des Krisenjahres 2008 statt. Abgesehen vom Alter der Kundin und dem ihrer Bekannten sind doch lang laufende Versicherungen niemals die beste Anlagewahl, wenn wir eine beispiellose weltweite Wirtschaftskrise haben und die Zinsen ganz unten sowie die Anleihekurse ganz oben sind. Dieser Trend kann sich irgendwann nur noch umkehren. Da die Versicherungsgesellschaften einen Großteil ihrer Gelder, fast 90 Prozent, in Anleihen angelegt haben, kommt es bei einer Trendumkehr bei den Anleihen zu großen Kursverlusten. Somit können die von den Versicherungen gegebenen Renditeversprechen nur mit dem Eingehen größerer Risiken oder gar nicht eingehalten werden. Und Sterbegeldversicherungen gehören zu den Versicherungen, die nicht unbedingt benötigt werden, da Sie dort im Allgemeinen aufgrund der Vertragsbedingungen mehr einzahlen, als die Erben später ausgezahlt bekommen. Die Bankberaterin der Rentnerin saß in einer kleinen, transparenten, beschaulichen genossenschaftlichen Bank!

Kommentar der alten Dame, als ich sie darüber aufgeklärt hatte, wie viel die Bank an diesem hanebüchenen Unsinn verdient hat: »Ach, jetzt weiß ich, warum die Beraterin mich so bedrängt und agitiert hat. Ich wollte nämlich ursprünglich nur die Hälfte meines Geldes da rein geben. Sie hat sogar eine zweite Kollegin mit dazu gebeten, um ihre Argumente zu bekräftigen und beide haben unentwegt auf mich eingeredet. Aber ich war doch immer so zufrieden mit ihr.« Da steigt mein Blutdruck dann doch wieder an.

Die 85-jährige Oma konnte sich nicht wehren. Ganz unschuldig sind manche Kunden aber nicht, wenn sie immer wieder über den Tisch gezogen werden. Niemand zwingt Sie, ein bestimmtes Produkt zu kaufen! Was glauben Sie, warum Ihnen Ihr Bankberater heute die Frage stellt, ob Sie denn mit den extrem niedrigen Zinsen einfach so zufrieden sind? Weil er Ihr Wohl im Auge hat? Weil die Bank für Sie etwas übrig hat? Nein, weil der Berater entweder in seiner Zielerfüllung in einigen Produktkategorien hinterherhinkt oder der Wochenverkaufsschwerpunkt auf einem anderen als dem von Ihnen gewünschten Finanzprodukt liegt. So bekommen gerade jetzt die etwas älteren Kunden jenseits der 50 in den Banken langfristige Bausparverträge – »Sonderangebot« mit 3 Prozent – oder Rentenversicherungen, die angeblich nach drei Jahren 2,25 Prozent Rendite abwerfen, angeboten. Wo doch Ihr Geld mit 0,25 Prozent auf dem Tagesgeldkonto quasi umsonst liegt (real sogar mit Verlust)! Ich kann Ihnen allen Ernstes nur raten, lassen Sie es dabei. Die »altmodische« Art des Geldanlegens muss keinesfalls verkehrt sein. Die Zeit für günstigere Geldanlagen wird noch kommen.

Was kann man in dieser besonderen Unsicherheitssituation uneingeschränkt empfehlen?

Zunächst einmal, haken Sie die Krisensituation nicht einfach ab und sagen sich, gut durchgekommen, erledigt und weiter so. Wir standen 2008 kurz vor dem Zusammenbruch des Weltfinanzsystems! Die Probleme in der Staatsfinanzierung sind noch nicht gelöst. Sie sind nur in die Zukunft verschoben worden. Auch die Bilanzen der Banken sind noch nicht bereinigt. Die Anleiheblase ist noch nicht geplatzt und der weltweite Immobilienmarkt hat sich von seinem Abwärtstrend noch nicht erholt. Die Krise ist zeitlich wieder nur vertagt worden. Denken Sie voraus! Welches wirtschaftliche Szenario könnte bestenfalls eintreten und welches schlimmstenfalls? Richten Sie Ihre persönliche Finanzplanung und Ihre Geldanlagen danach aus. Streuen Sie Ihr Geld möglichst breit, damit Sie in jeder Wirtschaftsphase eine Möglichkeit zum Reagieren haben. Ein flexibles Reagieren setzt liquide Anlagen voraus, können Sie also jederzeit über Ihre Anlagen verfügen, so dass auch einmal ein kompletter Ausstieg aus allen Kapitalmärkten möglich ist? Ein Tagesgeldanteil als Liquiditätsreserve sollte stets vorhanden sein. Fragen Sie sich, ob bei einem Zinsanstieg und Inflation ein Verlust bei Ihrer Anlage zu erwarten sein wird. Ich rechne vor 2012/13 nicht mit einer besorgniserregenden Inflation. Bei einer geplanten Anlagedauer bis maximal Ende 2012 würde ich deshalb Festgeldanlagen den Vorzug geben, auch wenn diese derzeit niedrig verzinst sind. Sind Sie sich des allgemeinen und des Währungsrisikos bewusst, können Sie kurz- bis mittelfristige solide Staatsanleihen in einer stabilen Währung (Norwegische Kronen, Kanadische Dollar oder Schweizer Franken) in Betracht ziehen, um eventuell durch Währungsgewinne eine Zusatzrendite zu erzielen. Ansonsten sind Unternehmensanleihen wegen der hohen Staatsverschuldung im Allgemeinen den Staatsanleihen vorzuziehen. In der Niedrigstzinsphase, so tief wie jetzt waren die Zinsen seit langem nicht mehr – einige Länder sehen sogar die tiefsten Zinsen ihrer Geschichte – sollte der Anlageschwerpunkt nicht auf langfristigen Anleihen – egal von welchen Emittenten – liegen. Anleihen sind fast schon so teuer, dass sich ein Einstieg nicht mehr lohnt, eine besonders kritische Auswahl der kaufenswerten Anleihen ist deshalb nötig. Kaufen Sie jetzt Anleihen nur, wenn Sie diese bis zur Fälligkeit halten wollen. Wichtig ist, rechtzeitig durch Marktbeobachtung und Beschäftigung mit Wirtschaftsnachrichten zu erkennen, wann eine Zinswende und damit eine höhere Inflation in der Zukunft drohen. Dann gilt es, Neuanlagen zu erwägen und Sachwerte in seiner Anlagestrategie zu bevorzugen. Wer seine Altersvorsorge auf Lebens- oder Rentenversicherungen aufgebaut hat, sollte generell nicht noch zusätzlich in

Anleihen investieren, weil das bereits zum überwiegenden Teil die Versicherungsgesellschaft getan hat.

Bei länger anhaltender niedriger Inflation können Hochzins-Anleihen profitabler sein, nicht nur Aktien werfen über lange Zeiträume die höchsten Renditen ab. Das Ausfallrisiko von Anleihen ist nicht mehr leicht einzuschätzen, Ratings sind ein Anhaltspunkt. Dessen Höhe ist jedoch ganz einfach an den Zinsen ablesbar: Je höher die Zinsen, desto größer die Gefahr des Ausfalls der Anleihe.

Bei einem langfristigen Anlagehorizont Ihrerseits sind schwankungsanfällige, aber rentable Geldanlagen wie Aktien zu empfehlen. Wichtig ist die Auswahl der einzelnen Titel, ausschlaggebend aber der Zeitpunkt, wann Sie Aktien kaufen können. Aktien sind nicht per se gefährlich, sondern nur dann, wenn man mit zu wenig Wissen ein zu hohes Risiko eingeht. Der Aktienkauf hat auch nichts mit dem Lebensalter zu tun, sondern mit Ihrer Risikobereitschaft und Ihrer Risikotragfähigkeit. Richtiges Investieren in Aktien ist deshalb so schwierig, weil es an der Börse nicht nur nach Fundamentaldaten und wirtschaftlichen Indikatoren geht, sondern viele Kursverläufe entscheidend von der Börsenpsychologie, den Reaktionen der Marktteilnehmer und leistungsstarken Computerprogrammen beeinflusst werden. Diese sind schwer zu deuten und vorauszusagen.

Bei Sparverträgen ist zu beachten: Schließen Sie generell in Unsicherheitsphasen keine zu langfristigen Verträge ab. Aber wenn Sie jung sind, können Sie auf eine betriebliche oder private Altersvorsorge nicht verzichten! Üben Sie eher einmal Verzicht bei einem guten Restaurantessen oder einer großen Reise. Denken Sie daran, dass ein Banksparplan mitunter sinnvoller und rentabler sein kann als eine Lebens- oder Rentenversicherung. Wenn Sie schon etwas älter sind, gönnen Sie sich auch mal die Freiheit, zu leben und Geld zu verbrauchen!

Welche Regeln gilt es als Schlussfolgerung aus der Finanzkrise besonders zu beachten?

Wegen der noch zu beschließenden neuen Eigenkapitalvorschriften wird es voraussichtlich in der nächsten Zeit zu einem verstärkten Wettbewerb der Banken untereinander um Kundeneinlagen und Liquidität kommen. Das dürfte Sie als Anlagekunden in eine komfortable Situation bringen. Aber beachten Sie: Sicherheit geht vor Rendite! Es geht nicht mehr darum, bei wem man die meiste Performance (Verhältnis zwischen Kapitaleinsatz und Rendite) machen kann, sondern darum, das Geld relativ sicher anzulegen.

- Absolute Sicherheit gibt es nirgends. Selbst wenn langfristige Bundesanleihen nicht ausfallen werden, bergen sie doch ein enorm hohes Kursrisiko bei den gegenwärtig extrem niedrigen Zinsen.
- Vertrauen Sie nur der gesetzlichen Mindestsicherung für Einlagen (derzeit 50.000 Euro, ab 2011: 100.000 Euro). Im Zweifelsfall führen Sie lieber Ihre Konten und Anlagen bei mehreren Banken.
- Ein rosa Tüchlein im schwarzen Anzug und ein wortreicher Hinweis auf großartige Ergebnisse machen aus einem Berater noch lange keinen erfolgreichen Finanzexperten. Auch Experten haben manchmal keine Ahnung, vor allem wenn eine in einem Menschenleben beispiellose Krise auftritt.
- Versuchen Sie, sich selbst zu informieren und Ihre Kenntnisse zu erweitern, damit Sie unabhängig von einem Berater finanzielle Entscheidungen treffen können.
- Fragen Sie sich mindestens einmal im Jahr: Warum habe ich damals diese Anlage abgeschlossen? Sind die Gründe und die Bedingungen dafür noch relevant? Verspricht die Anlage auch in Zukunft noch ihren Zweck zu erfüllen? Können Sie diese Fragen bejahen, gibt es keinen Grund, Ihre alte Anlage auf-

zulösen – auch nicht wegen einer vorübergehenden Krise oder eines noch so eloquenten, wunderbaren neuen Beraters.

- Wenn sie nicht allein mit Ihren finanziellen Entscheidungen zu Recht kommen, schenken Sie Ihrem oder einem anderen Berater das Vertrauen. Sie haben keine andere Wahl. Vertrauen Sie aber niemals blind! Bewahren Sie sich immer eine gesunde Distanz. Lassen Sie sich die Entscheidungsgewalt nicht aus der Hand nehmen!
- Sie müssen sich mit der Anlage und mit Ihrem(r) Berater(in) wohl fühlen. Das ist durchaus wörtlich gemeint, hören Sie in sich hinein. Alle Anlageentscheidungen werden von Gefühlen beeinflusst und bestimmt.
- Kosten sind nicht nur ein lästiger Nebenfaktor, sie beeinflussen das Ergebnis Ihrer Geldanlage entscheidend. Das kann bei längerfristigen Verträgen im Ergebnis Tausende von Euro ausmachen.
- Eine Ganzheitlichkeit bei der Beratung gibt es nicht. Kein Berater kann sowohl im Firmenkunden- als auch im Privatkundenbereich alle Regelungen kennen und sicher für seine Kunden anwenden. Deshalb bleiben Sie skeptisch bei der Werbeaussage: Ganzheitliche Beratung in allen Vermögensfragen.
- Schalten Sie niemals Ihren gesunden Menschenverstand aus. Wer kein Geld hat, kann auch nicht mehr daraus machen!

Vieles davon ist nichts Neues. Weder Junge noch Alte, schon gar nicht Frauen oder Männer sind grundsätzlich die besseren Anleger. Sie haben nur unterschiedliche Bedingungen, Voraussetzungen und Erfahrungen und liefern so manchem Spezialisten ein Argument für ein erfolgreiches Geschäftsmodell.

»Die großen Anleger brauchen keine Talkshows, um sich eine Meinung zu bilden, die kleinen sehr wohl.«, sagte Josef Ackermann zur Kritik auf seine Äußerung zur Leistungskraft Griechenlands in einer

Fernsehsendung. Ich behaupte, der Mann irrt sich gewaltig, wenn er meint, dass Sie zu Ihrer Entscheidungsfindung Talk – Shows brauchen. Ihnen hilft auch hier eine einfache, plausible Regel weiter, sollte es für Sie wieder einmal um die Frage gehen: Wo kann ich denn jetzt am besten mein Geld anlegen oder wie schütze ich mein Vermögen am besten? Je mehr so genannte Experten von einer Anlageklasse überzeugt sind, je mehr Medien sich mit einem Finanzthema auseinandersetzen, je vielfältiger die dazugehörigen Angebote und die Werbung sind, desto größer ist die Wahrscheinlichkeit, dass hier nur noch die letzten ahnungslosen Anleger mit Produkten beglückt werden sollen, deren Mehrwert eindeutig auf Seiten der Kreditinstitute liegt. In den allermeisten Fällen handeln Sie richtig, wenn sie bei Ihrer Anlageentscheidung, sofern überhaupt eine notwendig ist, genau das Gegenteil vom Empfohlenen tun. In jedem Fall ist der gesunde Menschenverstand ein besserer Ratgeber als interessenkonfliktgetriebene Finanzberatung. Es gibt keine Beratung ohne Interessenkonflikte, weil sie in jedem Fall zwischen zwei unterschiedlichen Parteien mit anders gelagerten Zielen und Voraussetzungen stattfindet. Wenn Sie diese Ratschläge beherzigen, dann profitieren auch die Finanzberater davon: Nach einer fairen Beratung kommen die meisten Kunden von allein wieder. In diesem Sinne wünsche ich Ihnen für Ihre Geldanlageentscheidungen wie in Ihrem Leben als Fundament jeder Entscheidung – VERTRAUEN. Vertrauen zu sich selbst oder zu einer Person, die Ihr Vertrauen wirklich verdient.

»Erfahrungen sind der einzige wahre Reichtum,
weil man ihn nicht verlieren, nur verschenken kann –
und weil man ihn auch dann behält, wenn man ihn verschenkt.«

Hans Habe

Anlagen

A. Worauf ist bei Geldanlagen generell zu achten?

1. Auf die finanzielle Stabilität des Anbieters der Anlage,
2. Auf eine möglichst hohe Sicherheit der Anlagegattung,
3. Auf die Streuung der Risiken in verschiedene Anlageklassen,
4. Auf die Höhe der Kosten,
5. Auf die Anbieterunabhängigkeit (Anlagen bei mehreren Anbietern),
6. Auf den Abgleich der Anlagebedingungen mit der Realität und den persönlichen Zielen und Wünschen,
7. Darauf, die Geldanlage lange genug liegen zu lassen – bis zur Fälligkeit oder bis zu einer Änderung der wirtschaftlichen oder persönlichen Voraussetzungen für die Anlage,
8. Alle anderen Bestandteile der Anlage, wie Prognosen, Steuern und Trends sind unwichtig oder untergeordnet.

B. Was sind Zertifikate?

- Zertifikate gehören zur Anlagekategorie der Wertpapiere.
- Sie tragen den Charakter von Inhaberschuldverschreibungen, das heißt, wenn der Emittent des Zertifikates Pleite geht, ist das Geld des Anlegers verloren.
- Sie sind zusammengesetzte Papiere, werden deshalb auch strukturierte Wertpapiere genannt.
- Darin enthalten sind komplizierte Derivate (von den Preisen anderer Finanzinstrumente abgeleitete, künstliche Konstruktionen und Verträge zwischen zwei Marktteilnehmern, die zu einem bestimmten Termin erfüllt oder ausgeglichen werden müssen).
- Bei Garantiezertifikaten werden diese Derivate mit verschie-

denen Arten von Anleihen, meist Null – Kupon – Anleihen, kombiniert, um das Rückzahlungsversprechen absichern zu können.

- Die Zertifikate enthalten so immer Wetten auf den Eintritt eines bestimmten Ereignisses zu einem vorher festgelegten Zeitpunkt; beispielsweise auf das Wetter oder das Erreichen einer bestimmten Kursschwelle für eine Aktie, einen Rohstoff oder einen Index, auf die bessere Entwicklung im Verhältnis verschiedener Aktien, Aktienkörbe, Indizes, Währungen oder Zinssätze untereinander oder das Erreichen eines prozentualen Wertzuwachses in einer bestimmten Zeit

- Für jedes Zertifikat schließt die Bank zur eigenen Absicherung ein Gegengeschäft ab, damit sie nicht beim Wetten gegen den Käufer des Zertifikates verliert. Oder sie beeinflusst den Preis des Zertifikates beziehungsweise des zugrunde liegenden Basiswertes zu ihren Gunsten, da sie hier Produkte herausgibt, bei denen sie damit rechnen muss, am Ende der Wette draufzuzahlen.

- Im Produktnamen muss das Wort Zertifikat nicht enthalten sein, dieses wird meist blumig mit Anleihe und einem werbewirksamen Zusatz umschrieben; das trifft insbesondere auf die Garantiezertifikate zu.

- Es ist fast unmöglich, den Inhalt von Zertifikaten mit einfachen Worten zu definieren. Allein aus ihrer Unübersichtlichkeit und dem Wettcharakter leitet sich bei vielen Zertifikaten ihr hohes Risikopotential ab.

- Die emittierende Bank kassiert Zeichnungsgebühren und Gebühren für jedes darin enthaltene Einzelprodukt sowie einen Teil der Provisionen und Aufschläge. Den weitaus größten Teil der Vertriebsprovisionen erhält die das Zertifikat an den Kunden verkaufende Bank.

- Weil die Wertpapiere zusammengesetzt sind und ihr Inhalt nicht so einfach nachvollzogen werden kann, können die Risiken vom Verursacher (emittierende Bank) hin zum Anleger verlagert werden.

– Somit haften die Zertifikate verkaufenden Banken nicht selbst für das Risiko, sie profitieren aber vom Ertrag und sind deshalb bereit, immer mehr Risiken auf Kosten Dritter einzugehen. Dadurch haben sie wachsende Preisfeststellungs- und Marktbeherrschungsmacht auf dem riesigen Markt der strukturierten Wertpapiere.

C. Welche Regeln Sie *vor* dem Kauf geschlossener Fonds beachten sollten

Was sind geschlossene Fonds?
- Mit einer Gewinnerzielungs- oder Steuersparabsicht investieren viele Anleger langfristig einen Betrag innerhalb eines vorher festgelegten Zeitraumes in ein bestimmtes oder nur ganz wenige Objekte, Projekte, Güter oder Firmen.
- Das von den Anlegern eingesammelte Eigenkapital wird durch Fremdkapital (Darlehen) in unterschiedlicher Höhe ergänzt. Die Fremdkapitalquote kann in einzelnen Fällen sogar über 80 Prozent betragen. Das bedeutet für den Anleger nichts anderes als eine Spekulation mit fremdem Geld.
- Sie gehören nicht zu den Finanzinstrumenten, die dem Wertpapierhandelsgesetz, der MiFID und der Protokollberatungspflicht unterliegen und werden sowohl über Banken als auch bei freien Finanzvermittlern angeboten.

Chancen	**Risiken**
• hohe Rendite möglich	• Totalverlustrisiko
• steuerliche Vorteile	• Haftung für Verluste
	• Steueränderungsrisiko
	• keine staatliche Kontrolle, nur Prospekthaftung
	• kein funktionierender Handel mit Anteilen möglich
	• sehr hohe einmalige und laufende Kosten
	• Interessenkonflikte bei Initiatoren durch personelle Verflechtungen
	• mangelnde Eignung der Geschäftsführer

– Geschlossene Fonds, wie Immobilien-, Film-, Medien-, Schiffs-, Container-, Flugzeug-, Leasing-, Windkraft-, Solar-, Energie-, Umwelt-, gebrauchte Lebensversicherungs-, Private Equity-, Venture Capital – Fonds, sind immer unternehmerische Beteiligungen, das heißt, **Sie** haften für das Gelingen oder Scheitern der Unternehmung! Denken Sie deshalb vor allen Dingen darüber nach, ob Sie das überhaupt wollen sowie darüber, auf welche Art und Weise und mit welchen Mitteln der Fonds Geld verdienen will.

– TÜV – Siegel sind keine Kaufempfehlung!

– Kommen Fremdmittel, also Kredite, zusätzlich zu den eingeworbenen Fondsmitteln zum Einsatz, dann potenziert sich das Risiko noch einmal. In der Fachsprache heißt das: »Hebeln« der Performance. Gleichzeitig wird aber auch das Risiko nach oben gehebelt. Keine Chance ohne Risiko! Zuerst müssen die Darlehensraten ohne Probleme aus den Erlösen des Fonds bedient werden können.

- Bei Beteiligungen ist es nicht ausgeschlossen, dass eine so genannte Nachschusspflicht auf Sie zukommen kann (bei GbR in jedem Fall, bei KG Haftung für Einlage und nicht erwirtschaftete Ausschüttungen möglich). Das bedeutet, dass Sie neben Ihrer Anlage noch weiteres Geld bereitstellen müssen, um für eventuelle Verluste des Fonds aufzukommen. Die Haftung kann sich auf Ihr gesamtes privates Vermögen erstrecken. Lesen Sie die Passagen des Gesellschaftsvertrages genau durch!
- Geschlossene Fonds beziehen sich meist nur auf ein oder einige wenige Objekte beziehungsweise Projekte. Dementsprechend groß ist die Gefahr des Totalverlustes der Anlage. Hohe Renditen werden nur erreicht, wenn die Kosten sich im Rahmen halten und das Fondsmanagement über ausreichende Erfahrung verfügt. Das Konzept muss schlüssig sein und der zugrunde liegende Gesellschaftsvertrag beziehungsweise Verkaufsprospekt eindeutig und verständlich sowie den gesetzlichen Anforderungen entsprechen. Das sollte nicht nur formal, wie es die Ba-Fin lediglich bestätigt, sondern auch sachlich und rechtlich der Fall sein.
- Achten Sie auch darauf, in welcher Währung der geschlossene Fonds notiert, Währungskursschwankungen können Ihr Anlageergebnis enorm beeinflussen.
- Nutzen Sie nicht nur die Gelegenheit, den Verkäufer oder Anbieter zu dieser Anlage zu befragen, sondern holen Sie sich immer eine unabhängige Zweitmeinung von einem Nichtanbieter solcher Produkte ein!
- Seien Sie sich darüber im Klaren, dass Ihr Geld bei geschlossenen Fonds viele Jahre gebunden ist. Es gibt nur in wenigen Ausnahmefällen, beispielsweise bei geschlossenen Immobilienfonds, einen Zweitmarkt, auf dem Sie Ihre Anteile vor Ablauf der regulären Laufzeit eventuell verkaufen können. Ohne vorherigen fachlichen Rat ist kein vorzeitiger Ausstieg zu empfehlen.

– Informieren Sie sich während der gesamten Laufzeit über die jährlich erreichten Ergebnisse des Fonds, anhand von Berichten und Abrechnungen oder auf Gesellschafterversammlungen. Auch und gerade dann, wenn Sie am Anfang eine hohe Ausschüttung überwiesen oder eine hohe Abschreibung zugewiesen bekommen haben sollten.

– Kaufen Sie einen solchen Fonds nie allein aus steuerlichen Gründen, sondern nur, wenn aus dem Fondskonzept mit hoher Wahrscheinlichkeit gute Renditen zu erwarten sind. Als Normalanleger können Sie steuerliche Aspekte der Beteiligung entweder gar nicht oder lediglich in begrenztem Umfang nutzen. Hohe Verlustzuweisungen machen nur dann Sinn, wenn später entsprechend hohe Erträge erwirtschaftet werden.

– Ohne Beratungsunterlagen haben Sie keine Chance, später zu klagen. Lassen Sie sich also Prospekte und ein Beratungsprotokoll aushändigen, auch wenn dies für den Vermittler nicht Pflicht ist. Ein seriöser Verkäufer wird das tun, ansonsten verzichten Sie auf die Anlage. Bei außerhalb von Geschäftsräumen geschlossenen Verträgen besteht generell ein 14-tägiges Widerrufsrecht.

– Der Ausstieg aus einem geschlossenen Fonds kann teuer werden, selbst wenn der Vertrag widerrufen und rückabgewickelt wird. Das kann bis zu einer Nachforderung von Geld reichen, indem der Anleger sich an bereits aufgelaufenen Verlusten beteiligen muss. (Entscheidung des Europäischen Gerichtshofes – Az: II ZR 292/06 – durch BGH umgesetzt)

Folgendes sollten Sie bei geschlossenen Fonds meiden:

– Ihre Anlage in geschlossene Fonds selbst auf Kreditbasis zu finanzieren.

– Ein unerfahrenes Management, welches bisher noch keine Erfolge mit früheren Beteiligungen aufzuweisen hat.

– Die Rechtsform GbR, da Sie hier unbegrenzt für Verluste haften und bei einer Pleite eventuell noch Geld nachschießen müssen.
– Eine Fremdkapitalquote (Kreditaufnahme des Fonds) jenseits der 30 Prozent.
– Dass bei Vertragsabschluss ein Teil der Objekte, in die investiert werden soll, noch nicht bekannt ist.
– Eine hohe Gesamtkostenquote (<u>einschließlich</u> Aufschlag) von über 15 Prozent.
– Dass bereits bei vergleichbaren Fonds kein Zweitmarkt für die Rückgabe der Anteile vorhanden war oder die Gesellschaft die Anteile nur mit einem hohen Abschlag von 50 Prozent oder mehr zurückgenommen hat.

D. Die Formalitäten des Anlageberatungsprotokolls

– Ab 2010 ist die Aushändigung eines Beratungsprotokolls für Banken und Finanzdienstleister, die Anlageberatung anbieten, gesetzlich vorgeschrieben. Es wird in der Praxis getrennt zwischen professionellen Anlegern und Privatkunden. Die Protokollpflicht gilt nur für die Beratung von Privatkunden. Profi – Anleger sind Sie erst dann, wenn Sie bei der Bank mehr als 500.000 Euro angelegt haben und/ oder mehr als zehnmal im Quartal mit Wertpapieren handeln oder einen Beruf aus dem Finanzbereich oder einen artverwandten Beruf ausüben.
– Das Protokoll ist beim Anlagegespräch zu Wertpapieren anzufertigen und dem Kunden mitzugeben, im reinen Vermittlungsgespräch durch den freien Vermittler von Investmentfonds und/ oder geschlossenen Fonds nicht. Ein seriöser Berater händigt Ihnen aber immer ein Protokoll aus. Kein Protokoll ist bei der Anlage von Tages- und Festgeldern sowie bei der individuellen

Vermögensverwaltung erforderlich, da hier im Allgemeinen keine Finanzinstrumente verkauft oder vermittelt werden.
– Das Protokoll wird entweder als Anlageberatungsprotokoll oder WpHG – Beratungsprotokoll bezeichnet und muss um die »Kundenangaben für Geschäfte mit Finanzinstrumenten«, auch »Wertpapier – Selbstauskunft« genannt, den früheren Beratungsbogen laut WpHG, ergänzt werden.

– Folgende Angaben müssen im Protokoll enthalten sein:
  • Anlass und Dauer des Gespräches
  • Anliegen des Kunden
  • Finanzielle und persönliche Situation des Kunden
  • Erfahrungen und Kenntnisse des Anlegers
  • Anlageziele (Anlagedauer/ -zweck) des Kunden
  • Empfehlungen des Beraters und die Gründe dafür
  • Alle Kosten der Anlage (Abschlussgebühren, Aufschläge, Vertriebs-/ Bestandsprovisionen, Verwaltungsvergütungen, Spread und andere laufende und sonstige Kosten)
  • Ausgehändigte Unterlagen

Zu empfehlen sind darüber hinaus Angaben über die:
  • Qualifikation des Anlageberaters und sein Beschäftigungsverhältnis zum Arbeitgeber (angestellt/selbständig)
  • Erfahrungen des Beraters im Wertpapiergeschäft (wie viele Jahre als Berater tätig)
  • Zeugen, die anwesend waren.

Schlusswort

Hiermit möchte ich mich bei allen bedanken, die mir beim Herausgeben dieses Buches auf irgendeine Art und Weise geholfen haben und für das Zustandekommen des Buches besonders hilfreich waren.

Meinem lieben Olaf möchte ich für sein Verständnis und seine Geduld mit mir danken.

Für ihre Hilfe beim Korrigieren möchte ich mich bei Jens Richter von der AKTIEN & FONDS Vermögensverwaltung, Dipl.-Kfm. Richter e. K. in Dresden und Steffen Prahl von der Anlegergemeinschaft Delphine & Partner GbR bedanken, besonders aber bei Maria Kaiser für Ihre ganz persönlichen Ratschläge.

Für Ihre erfrischenden Anregungen und unkonventionellen Denkanstöße sei Monika Müller von der FCM Finanz Coaching aus Wiesbaden recht herzlich gedankt.

Literaturverzeichnis

1. Bruno Wagner, Burn Rate, Wie Fondsmanager unser Geld verbrennen, Droemersche Verlagsanstalt, 2001
2. Edgar Most, Fünfzig Jahre im Auftrag des Kapitals, Gibt es einen Dritten Weg? , Verlag Das Neue Berlin, 2009

Quellenverzeichnis

1. Schlagzeile aus: www.n-tv.de – Video vom 23.03.2010
2. Quelle: Bruno Wagner, Burn Rate, Wie Fondsmanager unser Geld verbrennen, Droemersche Verlagsanstalt 2001, Seite 43
3. Quelle: Wirtschafts Woche Nr. 20 vom 17.05.2010, Falsche Sicherheit, Anton Riedl
4. Schlagzeile aus: Spiegel Online, 11.09.2009, Anne Seith
5. Quelle: www.n-tv.de – Meldung vom 28.06.2010, Europa-Studie zu faulen Krediten, Risiko bei deutschen Banken
6. Quelle: www.n-tv.de – Meldung vom 20.04.2010, Milliardenschwere Abschreibungen, Banken gesunden allmählich, Bericht des IWF zur weltweiten Finanzstabilität
7. Quelle: Frankfurter Allgemeine Zeitung (Hrsg.), 05.05.2010, Politische Sparkassen, Hanno Mußler
8. Quelle: Frankfurter Allgemeine Zeitung (Hrsg.), 31.03.2010, Fondsgesellschaften stecken in der Bredouille
9. Schlagzeile aus: Spiegel Online, 17.06.2009, Anne Seith
10. Quelle: Frankfurter Allgemeine Zeitung (Hrsg.), 10.03.2010, Einbußen bei Privatanlegern
11. Schlagzeile von: www.taz.de, 03.05.2009, Florian Blumer
12. Quelle: Dresdner Neueste Nachrichten, 23.07.2008/ 06.04.2010, Beratungsfalle Bank/ Abenteuer Geldanlage
13. Quelle: ARD »Plusminus«, 04.05.2010, Lisa Wurscher

14. Quelle: Frankfurter Allgemeine Zeitung (Hrsg.), 20.03.2010, Senioren droht Falschberatung, Volker Looman

15. Quelle: Wirtschafts Woche Nr. 3 vom 18.01.2010, Die Bank zahlt drauf, Cornelius Welp

16. Quelle: Frankfurter Allgemeine Zeitung (Hrsg.), 12.07.2010, Vertrauen in die Banken wächst ein Stück, Hanno Mußler

17. Quelle: www.n-tv.de vom 14.04.2010, Immobilienfonds verliert Milliarden, Morgan Stanley vor Rekordverlust

18. Quelle: Frankfurter Allgemeine Zeitung (Hrsg.), 11.05.2010, Anleger üben bei Zertifikaten weiter Zurückhaltung, Daniel Mohr